土居 裕

実践 レイキヒーリング入門

愛と癒しの技法

講談社＋α新書
プラスアルファ

はじめに

ここ数年、精神世界に対する関心の高まりから、「波動」「オーラ」「ヒーリング」「宇宙エネルギー」などの言葉を、よく耳にするようになりました。しかし、波動やエネルギーなどは、科学的な背景をもちながらも目に見えないだけに、どことなく怪しげで曖昧《あいまい》なイメージをもたれたり、誤解を与えたりしがちなのも事実です。

レイキも、欧米では有効なヒーリング（癒しの技法）として認知されており、効果を検証して現代医療の第一線で活用している国もありますが、日本ではまだ完全に理解されているとはいえません。

レイキはもともと日本語の「霊気」のことで、霊は宇宙に満ちる生命、気はエネルギーを表し、「宇宙からの癒しのエネルギー」と呼んで活用されています。

古人は、さまざまな体験から、レイキが手のひらを通じて放射されることを知り、痛みや病気があればそこに手を当てて癒し、悩みや苦しみがあれば胸に手を当てて心の平安を取り戻すなど、レイキを日常の中で役立てていました。レイキの実体や働きの科学的解明はこれからの課題ですが、その存在と効果性は疑う余地がなく、世界で数百万人といわれる人たちが活用して、その恩恵を実感しています。

西洋では、医療関係者だけでなく一般の人たちもレイキに関心をもち、ストレス解消のための有効なリラックス法として、また免疫力や自然治癒力を高めて自分の健康は自分で守ろうと、レイキを学ぶ人が多くなっています。

そのような世界の潮流の中で、高齢社会を迎えた日本では、レイキを健康に役立て、さらに生き方の質を高めようと、「健康と幸福への道」としてのレイキが普及し始めています。

しかし、「レイキに関心はあるが、何となく怪しいイメージがある」「レイキを習ったが、使い方がよくわからない」という人にもよく出会います。ストレス社会の中で、今後ますますレイキ活用の場が広がるとともに、このような人が増えてくることでしょう。

私たちは、NPO現代レイキの会(内閣府認証)の仲間たちとともに「怪しくない、おかしくない、難しくない、日常の中で役立つレイキ」の普及に携わっています。

本書が、レイキに関心のある方たちの入門書として、理解と実践を深める助けになれば、嬉しく思います。

二〇〇九年三月

土居《どい》　裕《ひろし》

◉目次

第一章　レイキを使ってみる―誰でも使えるレイキの技法―

序章　レイキとの出会い

―レイキは身近なものだった―

レイキのエッセンス
～レイキとは何か～

最新の科学によれば、宇宙も、宇宙に存在するものも、みな波動でできています。

私たちの周囲には波動が充満し、私たち自身も波動だというのです。

レイキも、そのような宇宙に充満する波動の一つです。

昔から、さまざまな波動の中に、「病気を癒し、心に平安を与える」

高い波動が存在することが知られており、レイキ（霊気）と呼ばれていました。

レイキは、宇宙からの贈り物で「愛と、調和と、癒しのエネルギー」といわれ、
人の高い意識と響き合って健康と幸福に導く波動です。

そのエネルギーを活用して、

「私たちの人生を、安らかに、豊かに、価値あるものにしよう」というのがレイキ法です。

レイキ法は、手当て療法からスタートし、「病気や悩み、怒り、心配などの
不調和な波動と響き合わないよう、自己の波動を高める」ことをめざします。

～レイキの本質をめざして～

レイキは、私たちの周囲にも純粋の光として充満していますが、それを受け取るには、意識を高めて「常にレイキと響き合う」生き方が必要です。

現代霊気法（通称・現代レイキ）は、それを日常生活で実現しようとするものです。ヒーリングを中心に、自己浄化法、自己成長技法を意識的に実践して、レイキとの響き合いを高め、やがては、

「意識しなくても、自動的に響き合える」ことを目標としています。

日常のすべてがレイキと響き合うとき、真に健康で安らかな人生が実現します。

宇宙は調和の波動を送り続けていますが、

私たち人間が、宇宙の意思に背を向けて、思い思いの行動をしています。

「宇宙の法則に沿った生き方をすること」、

これ以外に、安心立命《あんしんりつめい》に至る道はありません。

レイキと響き合い、レイキを信頼して、すべてを宇宙に任せるレイキヒーリングは、

「宇宙と響き合って生きる」トレーニングです。

目に見えない世界を信じる

最初に、私がどのようにしてレイキと出会ったのか、現在どのようにレイキと関わっているのかを紹介したいと思います。人それぞれに、人生の歩みは異なりますが、もしかすると同じ方向性が見出せるかもしれません。その上で、本書はどのような立場から書かれているのかを明確にしておきたいと思います。

私は岡山県で生まれ、祖母の家を継ぎましたが、祖父方は禅僧の家系で、今も縁戚者が数ヵ寺の住職を務めています。また、祖母の父の実家は島根県の神官だといいますが、祖母の父が旅の僧に一夜の宿を与えたとき、その僧から手当て療法や算盤《そろばん》による法術を伝授され、その能力で多くの人を救ったと、祖母から何度も聞かされました。

あるとき深夜に泥棒が入り、めぼしい品を風呂敷に包んで逃げようとしたとき、それに気がついた祖母の父が枕元の算盤を手にとってパチパチとはじいたところ、外に出ようとした泥棒は片足を上げたまま動けなくなり、夜明けに警官が来るまで、その姿勢で固まっていたそうです。祖母は男勝りの性格でしたが、父親から「お前が男だったら、すべてを教えてやるが、女はこんな能力をもたないほうがよい」と言われたそうです。そういえば祖母は、仏壇の前で般若心経《はんにゃしんぎょう》を百回唱えるのが日課でしたが、読経に合わせて蠟燭《ろうそく》の炎が天井に向かって長く伸びたり、線香の灰がくるくると螺旋《らせん》状に巻かれていつまでも落ちなかったりするのを、不思議な思いで見ていたのを記憶しています。このような血を引いているためか、私も子供のころから座禅に親しみ、目に見えない世界があることを自然な形で信じていました。

学校を出て日本電信電話公社（現ＮＴＴ）に入社しましたが、十二年後に日産自動車へ移り、ここも数年間で退職。以後は頻繁に、妻と三人の子供を抱えながら三十回近くの転退職を繰り返しました。深層には生きることの意味を問い続ける思いがあり、自分の人生の目的はこれではないと、仕事を転々としたように思います。今の私なら、その仕事とどのように向き合い、そこから何を学ぶかという選択をすると思いますが、当時はそのようには考えられませんでした。

もともと短気な性格で、思い通りにならないと強い怒りにとらわれ、その反面不安な思いがつきまとい、感情の起伏が激しくなる一方でした。やさしい祖父母に育てられたことは幸せでしたが、我慢や忍耐などの習性が身につかなかったようです。せっかく好条件で迎えられながらも、歓迎会の席で上司と取っ組み合いの喧嘩をして、入社をとりやめたこともありました。今にして思えば、このような生き方の中でも、困ったときには必ず救いの手が差し伸べられ、入社後は特別な引き立てもあって、妻子を路頭に迷わせることがなかったのは不思議でした。目に見えない世界からの守護と導きを感じます。

手当て療法にはじめて出会う

四十代の後半に入ったとき、以前勤めたことのある電鉄会社の元上司から、「ビジネスホテルを全国展開するので、中国地区総支配人として来てほしい」と声がかかりました。二年後には自宅に戻れるという話で、広島へ単身赴任しました。

広島での出会いが、手当て療法を知るきっかけとなりました。その方は、太田さんという男性で、取引先の常務としてホテルを担当していました。私とは親子ほどの年齢差がありましたが、非常に気の合う人でした。広島に単身赴任といっても、東京の本社での打ち合わせや出張もあり、広島にいるのは週二日程度でしたが、太田さんが必ず夕食を誘いにきてくださり、一緒に出かけるのが常でした。このようなつきあいが約四年間続いていました。

とある日、私が出張先の下関から帰ると太田さんが待っていて、台風で傷んだ屋上の設備を点検中、落ちていた鉄骨で右ひざを痛めていた私の様子をみて、ロビーに座った状態で手を当ててくれました。温かさがジワーッと浸透して痛みがどんどん薄れていく、そしてすっかり痛みがとれた、なんともいえない不思議な体験でした。太田さんにこのような力があることを、このときはじめて知りました。

太田さんは若いときから持病があり、それを治したいと思って手当て療法を習ったといいます。やっていくうちに、病気だけでなく生来の短気な性格も直ってしまったそうです。温厚にみえる太田さんが短気な性格だったとは想像できなかったので、驚きました。

すぐに私は太田さんから手当て療法を習うことにしました。太田さんの伝授は手から手へエネルギーを伝えるというやり方で、ただ手を握っていればよい、そうすれば、普通の鉄片が強力な磁石に触れると自然に磁力を帯びてくるように、癒しの手になるのだということでした。二人で食事に行った後はラウンジに行くことが常でしたが、レイキを習うようになってからは、手をつないでビールやワインを飲むという状態が続きました。周囲からは、よほど仲のよい二人に見えたことでしょう。続けること半年、私の手からも温かいエネルギーが出ることが実感できるようになりました。

やがて単身赴任に終止符を打つことになりました。私は四十九歳を迎えましたが、二年間で帰宅できるという約束は四年過ぎても実現せず、そろそろ自宅に帰りたいと思い始めていたこともあり、本社と話し合って退職することにしました。

別れの前日、太田さんに「手当て療法には、何か名前がついているのですか」と聞いたところ、「佐々木さんという女性に習いましたが、名前は知りません。額に入った免状に、たしか臼井とありましたので、たぶん臼井式手当て療法だと思います」という返事でした。後年、佐々木さんは臼井《うすい》霊気療法学会の元師範と判明しましたが、学会と無縁になってから臼井霊気療法の名前を伏せられたものと思います。太田さんが臼井を白井と見間違えたのでしょうが、当時の私の知識では、臼井霊気療法と聞いても何もわからなかったことでしょう。

自宅へ帰った私は、経営コンサルティングの会社へ入社しました。経営革新のノウハウを提供する会社で、国内大手の企業群を多数顧客にもち、躍進の一途をたどっている時期でした。銀座に本社がありましたが、大阪に西部の管理部門を新設することになり、名古屋から九州までの総務、人事、経理を統括する責任者として採用されました。ここでの十二年間は私にとって非常に厳しいものでしたが、待遇もよく、私の現役生活の総決算として最適のところでした。この会社で、現在の活動のベースとなる各種の学びを深めることができたのは幸運でした。

西洋レイキに触れる

仕事を転々としながらも座禅はずっと続けていましたが、心の安らぎを得ることはできませんでした。精神世界や宇宙エネルギーなどに関心をもち、バシャール、サイババ、シャーリー・マクレーン、オショー、マハリシなどの本を読みあさり、神智学《しんちがく》、仙道《せんどう》、修験道《しゅげんどう》、古《こ》神道《しんとう》、ヨガ、気功などにひかれ、超能力や神秘体験を求めた時期もありました。

私や家族は極めて健康でしたが、会社の同僚、取引先の役員、その人たちの家族に、現代医療で対処できない難病者が多いことを知り、親友が脳溢血《のういっけつ》で倒れて半身不随になったのを機に、ヒーリングに関心をもつようになりました。定年退職後は自宅を改装してヒーリングサロンを開きたいと、アメリカからヒーリングベッドを輸入し、ローラーベッドや電動ヒーリングマシンを購入するなど、少しずつ機材を揃えるとともに、一九八〇年代の半ばから九〇年代にかけて三十種類以上のヒーリング、ボディーワーク、セラピーなどを学びました。

だんだん定年が近づくにつれ、それまで学んできた各種技法から効果的なものを抽出し、それを統合して自分なりのヒーリングスタイルをつくり上げたいと模索し始めました。

レイキという言葉を知ったのは一九八〇年代が終わりに近づいた頃でした。当時は珍しかったエネルギーワークを学ぶために上京したとき、『レイキ療法』という本を知りました。第二章で触れますが、バーバラ・レイ女史が『ザ・レイキ・ファクター』という世界最初のレイキ解説書を発行し、ニューヨーク在住の三井三重子さんというティーチャーが翻訳して『レイキ療法』として自費出版したものです。セミナーを受ければ誰でもその日からヒーリングができるようになり、効果絶大で副作用なしということで、半信半疑ながらファースト（第一段階）のセミナーを受講してみました。直前にゴルフスイングの練習をしすぎて左手首が腱鞘炎《けんしょうえん》を起こし、夜も眠れないほどの痛みがあったのですが、セミナーを受けた次の日には治り、効果を実感。セカンド（第二段階）も受講しました。

セカンドでは顕著な変化は感じませんでしたが、二十一日間のセルフヒーリングを続けるうちに何となく心が安定するように思われ、快い好転反応が表れるとともに、「レイキの中に今まで学んできたエッセンスが凝縮されている」という直観が得られました。新たなヒーリングスタイルをつくろうとしなくても、レイキに任せて淡々と手を当てれば、すべて必要なことが行われるのではないかという直観でした。そしてその直観を確かめるため、レイキをより深く学びたいという思いに駆られました。

伝統霊気に出会う

生来の短気な性格を直したいという思いがあり、当時厳しい仕事に取り組んでストレスを感じていた私は、精神性向上に役立つというサード（第三段階）を学びたいと思いました。

しかし、三井さんのティーチャー資格はセカンドの伝授までで、外国語が話せない私は海外へ行って学ぶこともできませんでした。当時は「日本国内の伝統霊気は終戦とともに消滅し、臼井霊気療法学会も存在しない」というのが世界のレイキ界の定説で、セミナーでもそのように教えられました。独習したいと思っても、ファーストの資料は「基本12ポジション」（52ページ参照）を説明した用紙が一枚、セカンドは「どこに手を当てればどんな効果があるか」の説明書が一枚だけという状態で、自分で深めることは困難と感じました。

一九九三年の夏、クリスタル・ヒーリングを学ぶために上京したとき、不思議な出会いがありました。ペアになった小野田さんという上品な老婦人が、古くから臼井霊気療法学会の会員で、学会は現在も存続していることがわかり、その方の紹介で一九九三年十月に入会することができました。京都支部でお会いした第六代会長の小山君子《こやまきみこ》先生は当時八十七歳で、真っ白な髪が印象的でした。伝統霊気の霊授《れいじゅ》を受け、改めてレイキの回路を開いていただいたとき、故郷に帰ったような懐かしいものを感じて、目頭が熱くなりました。

参加者はいずれも女性でしたが、「あなたは新人なので、小山先生の近くにいて、レイキをいっぱい受け取りなさい」とのことで、小山先生は私を隣の席に座らせて、数々の質問に丁寧に答えてくださいました。小山先生の話の中に「レイキは愛」という言葉が何度も出てきました。細かい説明はありませんでしたが、「レイキは宇宙からの愛のエネルギーであり、それを受け取り活用する私たちは愛の存在でなければならない」と言われているように感じました。手当て療法では、次々に信じられないような癒しが起こり、私自身のストレスも解消されて心身ともに大きな効果を実感し、これで短気な性格も直るのではないかと思えました。

現代レイキの誕生

ところで、最初に学んだ西洋レイキと新たに学んだ伝統霊気は、ルーツは一つでありながら、なぜこのように技法が異なるのかという疑問が起こりました。伝統霊気は臼井先生の教えを継承しており、正統なものに違いありませんが、西洋レイキはそこから進化しているのか、それとも退化しているのか、まったく別のものに変質しているのかという疑問でした。

これは、西洋レイキをもっと学んで徹底的に比較するしかないと思いました。そこで、オショーレイキの流れを発展させたネオレイキを学び、日本で西洋レイキの主流になりつつあったフランク・ペッター方式の臼井レイキを学びました。

その結果、次のようなことがわかりました。

●西洋レイキは、各国へ伝わる流れの中でさまざまに変化していること。

●伝統霊気も、臼井先生存命時と逝去後は大きく変化し、終戦後も変化していること。

●どう変化していても、健康に役立つ技法と、精神性に役立つ技法に集約できること。

●レイキ法の神髄は五戒（１３４ページ）であり、健康と幸福への道が示されていること。

●西洋レイキは健康への道に効果的であり、伝統霊気には幸福への道の鍵があること。

さらにいろいろなことが見え始め、臼井先生当時の貴重な情報が、自然に集まってくるようになりました。私はそれらを取捨し検証して、自分を変えるために役立つ実践レイキの構築にとりかかりました。現代人のためのレイキ活用法という意味で「現代霊気法」と名づけ、自分の実践結果をもとに、より効果のあるものに改善していきました。

こうしているうちに一九九五年になり、一月中旬に阪神大震災が起こりました。家屋も家人も無事でしたが、ヒーリングサロンの開設に向けて準備したものは、狙い撃ちされたように破壊されて使えなくなり、計画は振り出しに戻ってしまいました。その年の十一月に定年を迎えましたが、一年四ヵ月延長されて九七年三月に退職。

この機会に、世界で誤り伝えられている臼井霊気療法発祥の真実や、創始者臼井《うすい》甕男《みかお》先生の実像を、国内のレイキ実践者に情報提供したいと考え、執筆を始めました。約一年後に原稿が完成、九八年五月に『癒しの現代霊気法』が出版されると、英語、スペイン語、フランス語など七ヵ国語に相次いで翻訳され、世界のレイキ界に大きな反響を呼びました。

現在では、臼井霊気療法学会の存在は世界に認知され、かつてはドクター臼井と呼ばれていたものが、臼井先生と呼ばれるようになりました。

現代霊気法は、私自身を変えたいという思いから構築したものですが、いつしか短気な性格は消えて穏やかになり、私の変化を感じた人からぜひ学びたいという希望があって、自然な形で普及し始めました。私が直接認定した現代レイキマスター（指導資格をもつ人）は、国内で六百名を超え、海外で三十四ヵ国四百名を超えました。国内では、NPO現代レイキの会が内閣府の認証を得て、レイキを通じての社会貢献活動をスタートさせ、海外ではオーストラリア、カナダ、フランス、スペイン、イタリア、デンマーク、ドイツなどで、現代レイキのネットワークが発足しています。日本発祥のレイキが世界に普及して日本に逆輸入され、今また日本発祥の現代レイキが世界に普及し始めていることが不思議に思われます。

私の現在までの歩みを紹介しましたが、現代レイキの考え方を押しつける意図はありません。本書は、できるだけ普遍的な立場から、どの系統のレイキ実践者にも違和感なく受け入れられるように心がけました。しかし、レイキの系統は多様化しており、共通の内容や表現が困難な場合も少なくありません。

たとえば、レイキを学ぶ段階についても、現代レイキでは「レベル1、レベル2」と表現しますが、「ファースト、セカンド」「第一段階、第二段階」「レイキ1、レイキ2」「レイキA、レイキB」「初伝、奥伝」「初伝、中伝」などと表現するところもあり、これらをすべて併記することは煩雑になりますので、本書では現代レイキの表記を用いています。

また、レイキ法の目的についても、「臼井霊気療法は、療法と名前がついているように、病気を治すことが最終目的だった」としている系統があることも事実ですが、認識の違いがある場合は現代レイキの認識に基づいて、「臼井霊気療法は、手当て療法を入り口とし、安心立命を最終目的とするものである」と解説しています。

さらに、「レイキ法は、始めから終わりまで、体内レイキと宇宙レイキとの響き合いを高めるための技法である」としているのも現代レイキの認識であり、響き合いを高めるための技法として紹介しているものは、現代レイキの技法であることをご理解ください。

レイキにはじめて出会う人たち

本書を手にしているあなたが、レイキという言葉とはじめて出会ったのは「いつ、どこで」だったでしょうか。中には、この本がはじめてという方がおられるかもしれません。

私の住んでいる兵庫県芦屋市で、十数年前から「誰でも参加できるレイキ交流会」を開催していますが、ホームページに日程を掲載するだけで、まったくPRしないにもかかわらず毎回四十名から六十名程度の参加者があり、国内各地や海外のレイキ関係者が参加されることも珍しくありません。

ここには、ヒーリングサロンを経営している方や、セミナーを開催しているレイキマスターたちも多数参加するため、初参加の方も気軽に意見交換して、日ごろの疑問や不信感などを披瀝《ひれき》し、レイキに関する認識を深める機会となっています。

また参加者全員で体内エネルギーの流れを促進し、自然治癒力を高める技法などを行ううちにレイキとの響き合いが高まり、「参加すると体調が良くなる」と毎回参加される方も多くなっています。参加者もさまざまで、他の教室で学んだ方や、これから学ぼうとする方、中には「レイキに関心があるが、宗教などと関係があるのではないか。レイキを学んでいるのはどんな人たちなんだろうか」と、疑心暗鬼のまま参加する人も少なくありません。

先般、外国の方が交流会に参加され、「はじめてレイキという言葉を聞いたとき、何と美しい響きだろうと思った」と言われましたが、日本人の場合は漢字のイメージから、神秘的なもの、霊的なもの、手かざしの宗教などを連想する人もいます。しかし、そのような思いをもって参加した方が、普通のＯＬの方が友人と気軽に参加していたり、ビジネスマン、主婦、お年寄り夫婦、親子、ときには医療関係者や科学者、大学教授などが繰り返し参加しているることを知り、驚かれています。そして、遠方から参加した人や外国の人たちが、心地よいエネルギーの中で無邪気に楽しんでいる姿を目にし、それぞれの方がほっとするような雰囲気をもっていることを実感するうちに、自然に溶け込んでいかれます。

この交流会では「参加者のひとこと」という時間を設けて、順番にマイクを回しますが、レイキとの出会いを話されることがよくあります。それによると、親しい友人がレイキに興味をもち、誘われたので一緒に受講したという方が多いようです。また、外国勤務や海外旅行中にレイキと出会った方、書店でレイキの本を見かけてという方も少なくありません。中には「セミナーを受講したけれど、本当にレイキが使えるのかどうかよくわからない」「何も感じないので、まったく使っていない」という方もいます。

この章では、あなたが直観的に興味を感じたレイキが決して怪しいものではなく、世界で多くの人たちが受け入れて、「健康と幸福」のために活用している素晴らしいものであることを、いくつかの方向から見ていきたいと思います。

レイキの浸透

日本のマスコミがレイキの話題を取り上げることはあまり多くありませんが、まったくないわけではありません。レイキ関係者にはよく知られている情報ですが、三つほど紹介しておきましょう。

●二〇〇一年十二月三日に共同通信社が伝えたもので、

《英国の権威あるコリンズ・イングリッシュ・ディクショナリーが、「霊気」など新たに八つの日本語を掲載した。この辞書は日本の国語辞典に当たるもので、オックスフォード辞書と並ぶ権威。「ＲＥＩＫＩ（名詞・日本語）癒しと元気回復のために患者にエネルギーを与えると考えられている治療法」と説明している》

という内容で、新聞やテレビ、週刊誌なども取り上げて話題になりました。

●二〇〇四年一月十三日の日経新聞（夕刊）に、「変質する医療」として、米国の代替医療を紹介。

《「ほら、入っていきますよ……」患者の背中にあてた医師の手から「気」が放たれる。「REIKI（霊気）」と呼ばれる治療を施すのは街の小さな民間療法施設ではない。米国を代表する総合病院、ベス・イスラエル（ニューヨーク市）だ。西洋医学では解決できない頭痛などに悩む患者が助けを求めてやって来る》

代替医療については《原則として科学的検証を基本とする西洋医学以外の医療を指す。（中略）背景にあるのはいまの医療体制への不信。薬漬けの傾向が強いことに国民は不満を募らせている。米大統領諮問委員会は二〇〇二年三月、厚生省内に代替医療を統括する専門部署の創設を答申。西洋医学と代替医療との融合をにらんだ準備が連邦政府レベルで始まっている》と解説しています。

●二〇〇八年七月九日の産経新聞（朝刊）に、「ホリスティック医療」というタイトルで《薬剤投与や外科手術といった西洋医学では治しきれないさまざまな病を癒やすため、世界各地の伝統療法から「祈り」までも活用するホリスティック医療への関心が高まっている。心の持ち方や生活習慣、環境まで含めた全人、包括的な治療で、患者自身の「癒やす力」を高めるという》として、山本記念病院（横浜市）ホリスティック外来を次のように紹介しています。

《平成15年に総合診療部を開設した。（中略）4医師が、「ほっとする科」「よく聴く科」「痛みの外来」などを担当。ドイツ発祥のホメオパシー、体の各部位固有の波動を応用したバイオレゾナンス、日本生まれでハワイで発展したレイキ（霊気）、それに気功や経絡刺激など、さまざまな病気にさまざまな療法を行う》

コリンズ辞書は「新聞、雑誌、書籍、ラジオなど、印刷物と会話の中から集めた四億語余りのうち使用頻度の高いものを選んだ」ということなので、イギリスでは日常生活の中にレイキが深く浸透していることがうかがえます。もちろん、コリンズ辞書だけでなく、オックスフォード辞書にも以前から収録されており《治療作用を活発にするために、患者の身体に手を触れて、エネルギーを流し与える治療テクニック》と記載されています。

さらに、アメリカの医学大辞典には「Ｒｅｉｋｉ」が収録されており、ドイツの最も有名な百科事典・ブロックハウス（Brockhaus）にも、レイキという単語が掲載されています。

また欧米では、ベス・イスラエルだけでなく、多くの医療機関でレイキヒーラー（癒す人）たちが活躍しており、医師や看護師がレイキヒーラーであることも珍しくありません。

レイキは「健康関連の仕事に従事する人の必須科目」といわれますが、医療や健康産業と無関係の人たちも多数学んでおり、日常会話の中でレイキという言葉が頻繁に使われていることがうかがわれます。

最近、海外での知名度が徐々に日本にも及んできていることを実感していますが、前記の山本記念病院には、レイキの仲間たちでつくっているグループ「日本レイキ波動ヒーリング協会」のメンバーたちが訪問し、定期的にヒーリングボランティアを行っています。

文学作品に登場したレイキ

外国ではさておき、日本の文学作品にレイキが登場することは、極めて珍しいことといえるでしょう。読売新聞の朝刊に二〇〇五年七月十六日から二〇〇六年八月十八日まで連載された『光の指で触れよ』（池澤夏樹著・中央公論新社）に、わかりやすいレイキの解説がありますので、少し引用させていただきます。

これは、家庭的なトラブルで傷ついたアユミが、娘のキノコを連れて、高校時代の友人でオランダに住む佐恵子を訪ねたときの会話の一部です。

「うん。もっといろんな糸でいろんな人とつながりたいって思った。だからレイキを学んだの」

「何、レイキ？」と佐恵子は聞いた。

「一種の療法。身体に辛いところがある人に手で施すの。楽になるわ。それを身につけた」

「そういうのがあるのね」

「そう。最初は友人の友人にしてもらった。すごく楽になった。キノコの世話がいちばん大変だった時で、身体も頭もへとへとだった。その時に、こういうのがあるのよ、って言われて、受けてみた」

「ふーん」

「わたしはそこに横になっているだけだし、やってくれる人は手のひらを当てていくだけ。その手のひらの当たったところがじわっと温かくなって、身体と頭の緊張が解けて、何か気持ちのいいものが入ってくる。これが気の流れかなって思った」

「気なの？」

「そういう風に説明するのよ。今度やってあげる」

「気のマッサージ？」

「そう考えてくれてもいいわ、最初は。レイキは一つの技術だから学ぶことができる、ってわたしは思った。だからわたしは学んで少しできるようになった。ほんとに勉強をはじめたのは一年ほど前よ」

「話が戻るけど、気って、つまりあなたの中にあるもの？　湧いてくるの？」

「違う、と思う。どこか外から来る。それをわたしは導くだけ。電気スタンドとコンセントをつなぐ電線みたいなもの。手を当てたところは温かくなるけど、でもわたしの手が温かいわけじゃないの」

「なるほどね。でも、もともとレイキって何なの？」

「日本の人が見つけた、一種の療法ね」とアユミは言った。「だから元は漢字で『霊気』だった。それが日本で広まる前にハワイからアメリカに渡って、たくさん信奉者を作った。そしてアルファベットやカタカナの『レイキ』になった。日本語の辞書にはないけれど、英語の大きな辞書にはある言葉」

「英語か」

「ヨーロッパでも知ってる人は知ってるって。病院の看護師さんで上手な人がいるとか、温泉でマッサージの一種みたいにやっているところもあるとか聞いたけど」

「誰でもやれる？　練習でやれるようになるもの？」

「たぶん誰でも。いくつかの段階を追って、身につけることができるのよ」

「ふーん」と佐恵子は興味ぶかそうにうなずいた。

「最初は本当に見よう見まねって言うか、形ばかり。でも、それで相手の人が効いたって言ってくれて。その感覚を覚えているようにして、少し自信がつく。その繰り返し」

「先生がいるわけ？」

「そうよ。先生や仲間を相手に練習するの」


アユミは、日本発祥の霊気が日本で広まる前にハワイからアメリカに渡ったと理解していますが、実はそうではなく、明治末期から昭和初期にかけて多くの民間療法が大流行したいわゆる霊術《れいじゅつ》ブームの中で、霊気療法は多くの海軍高官を巻き込んで一世を風靡《ふうび》しました。

その辺の経緯は後の章で解説しますが、ここに引用したのは、次のようなレイキの本質がうまく説明されていると思ったからでした。

●レイキは、辛いところがあれば楽にしてくれる。
●ヒーリー（レイキを受ける人）は、ただリラックスしていればよい。
●ヒーラー（癒す人）は、手のひらを当てていくだけ。
●レイキは一つの技術なので、誰でも学んで身につけることができる。
●ヒーラーはレイキを導くだけで、自分のエネルギーを使わない。
●レイキは、練習することによって、どんどん使えるようになる。

医療の世界でのレイキの取り組み

現代医学の進歩は目覚ましいものがありますが、外科手術や薬剤投与、放射線といった従来の治療法では対処しきれない病気も増加し、世界各地の伝統療法から民間療法まで、有効なものは何でも取り入れようという、ホリスティック医療が脚光を浴びるようになりました。悪い箇所だけを問題にするのではなく、心のもち方や環境との調和、生活習慣など、その人のすべてを癒しの対象とする。病気は悪ではなく、気づきのサインである。本人が癒し、医師はそれを手助けする。本人の内なる治癒力を、癒しの中心におく。

これらの方向性は現時点ではまだ小さなうねりかもしれませんが、従来の価値観が確実に変わりつつあると感じます。

レイキは、「人間そのものを健全にする」「第一に心を癒し、第二に肉体を健全にする」といい、人体の各部分を分析的に見るのではなく、全体性を重視する思想からスタートしています。それが世界各地で受け入れられ、先進国の医療にも採用されている原点と思います。

イギリスでは一定の条件を満たせば健康保険が適用され、アメリカのアンダーソンがんセンターでは、代替医療としてレイキが活用されています。また、科学者の学位論文にレイキの効果が取り上げられて、注目されるようになりました。

このような見地から、海外ではレイキを末期患者のターミナルケアに取り入れたり、刑務所の受刑者にヒーリングを受けさせたりするところも増加。日本でも数年前から大津市民病院や彦根市立病院のホスピス（緩和ケア病棟）でレイキのヒーリングボランティアを受け入れるようになり、日本レイキヒーリング関西協会などが活動していますが、地方刑務所の一部でも受刑者の自立支援（再犯防止）プログラムの中にレイキが取り入れられました。

このようにレイキは、現代医療の良き補助者として治療の一端を担うと同時に、多くの人の生き方の質を高めるため、さまざまな形で活用され、さらに活用度が高まりつつあります。

昨年、東京・大森の脳神経外科クリニックの工藤千秋院長とお会いして、医療とレイキとの協力の可能性について話し合う機会が得られました。工藤先生は著名な医師ですが、かつてイギリスのバーミンガム大学医学部に在籍して、現代医療の中でヒーラーたちが活躍する現場を体験しておられ、体を治すのは西洋医学がすべてではないとの信念から、古今東西を問わず体によいと考えられる療法を勧め、実践されています。

日本国内にも優秀なヒーラーは各地に存在し、多くの改善例を持っていますが、ほとんどの場合、それらの効果は第三者の検証を経ていません。

「ヒーリングに理解のある医師と、ヒーラーのグループが協力し、それに関心のあるマスコミも加えて、ヒーリング効果の検証データを蓄積することが大切」ということで意見が一致しました。その後、プロジェクトを立ち上げるための検証テストを行い、興味あるデータが得られていますので、今後の進展を楽しみにしています。

第一章　レイキを使ってみる

―誰でも使えるレイキの技法―

レイキは誰もがその日からできる

レイキは特別な訓練や修行の必要がなく、誰でもその日からできる効果的なヒーリングとして知られています。

それはトレーニングによって集中力を高めたり、強力な念（意識）の力を使ったりして行うヒーリングではなく、宇宙に満ちているレイキという癒しのエネルギーを、自分が通路になってヒーリー（癒しを必要としている人。ヒーリングを受ける人）に中継するだけの、シンプルな技法だからです。

私たちは、病気を治そうとする行為を「手当てする」「応急手当て」などといいますが、手を当てることが癒しにつながることを本能的に知っているのです。しかし、通常はそのような能力を与えられていることを知らない（忘れてしまっている）ため、宝の持ち腐れになってしまっています。そこで、レイキセミナーによって潜在意識の記憶を呼び覚まし、いつでも使えるように整えようとするわけです。

それでは、セミナーを受けないとレイキヒーリングはできないのでしょうか。そんなことはありません。レイキは宇宙に満ちるエネルギーであり、私たちひとりひとりの中にも存在しています。臼井霊気療法の創始者である臼井《うすい》甕男《みかお》先生は、「宇宙のあらゆるところに霊気は存在している。大宇宙の偉大な霊気は、人体内にも保有しており、体内の霊気は人格を高めれば高めるほど強くなる」と言っています。

だからといって、レイキヒーリングは自己のエネルギー（体内のレイキ）を使って行うのではありません。宇宙に遍満するレイキを、体内レイキと波長を合わせることによって受け取り、自己の健康に役立てると同時に、癒しを必要とする人に中継するのです。

レイキセミナーで学ぶのは、自分のエネルギーを使わないヒーリングの仕組みを理解し、レイキを活用して健康になり、さらに精神性向上をはかるという「健康と幸福の道」です。詳しいことは第三章にまとめますが、簡単なレイキヒーリング（手当て療法）であれば、ちょっとした注意を守れば誰でも安全にできるようになります。

この章では、安全で、簡単かつ効果的なレイキヒーリングとして、次のようなやり方をご紹介します。

●レイキの流れを高める（「癒しの手」をつくる）
●レイキヒーリングのやり方（セルフヒーリングと他者ヒーリング）

●体内レイキの浄化と活性化技法
●自己治癒力を高める技法（免疫と自然治癒力を高める）
●安らぎをもたらし意識を高める技法

レイキヒーリングは、心身にリラックスをもたらし、無意識に溜め込んでいた緊張やストレスを解消する技法です。手を当てていると体内エネルギーの循環が促進され、不調和なエネルギーがあれば流れ去り、体内外のレイキが響き合いを取り戻します。これによって自然治癒力が高まり、自分自身の力で本来の完全な状態に帰っていきます。ヒーラーが複雑なテクニックを駆使するヒーリングではありません。

人間の体は、常に最善の状態を維持しようとしていますので、健康を阻害している要因（それは多くの場合、緊張やストレスですが）を取り除いてやれば、自ら健康を取り戻すように働いてくれるのです。力んだり、緊張したりせず、楽しみながら淡々と行いましょう。

効果的なヒーリングのために

効果的なヒーリングをするためには、まず「癒しの手」をつくることが大切です。大霊能者として知られていた出口王仁三郎《でぐちおにさぶろう》氏が「誰の手でも効かない手はない」といっているように、もともとすべての人が癒しの手を与えられていますので、「つくる」というよりも、それを十分活用できるように、「整える」ことが必要です。

また出口氏は、「誰の手でも効くが、日ごろから神仏によく手を合わせている人の手は、特によく効く」といっています。これは「感謝の思い、愛の思いをもっている人の手は、癒しの効果が高い」と解釈してもよいでしょう。私たちは「レイキヒーリングは単なる癒しの技術でなく、愛と調和の実践である」といっています。

癒しの手といっても、手そのものが癒すのではなく、エネルギーの放射口（蛇口）としての機能ですから、体内レイキの流れを高め、それをそのまま（流れを停滞させず、異物を混入させず）送り出せるように整えることが必要です。

また、リラックスは、ヒーリングにあたってのすべての基本です。リラックスすると体の内外のレイキが響き合いを取り戻します。

リラックスの技法はたくさんありますが、まず「楽な姿勢」をとります。そして「肩を回す、上下に動かす」「首を回す、前後左右に倒す」「目を閉じて全身の力を抜く」「ゆっくり深い呼吸をする」などで、体をリラックスさせます。

また、次のような技法も、リラックスを深めるために役立ちます。

●肩の関節を柔軟にする（頭の後ろで両手を組み、左右に張る。大空を気持ちよく飛んでいるつもりで、両腕でゆっくり羽ばたきをする）

●首のこりをとり、柔軟性を高める（肩を上げて後方に開き、ゆっくりと首を前後左右に倒す。さらに左回り、右回りに回す）

●腕ひねり（両手を向き合わせて、腕を前方に伸ばす。腕全体を内側と外側に、強くゆっくりひねる）

そして、リラックスしたら、手を振って、エネルギーの滞《とどこお》りやすい箇所（肩・ひじ・手首の関節）をゆるめます。

●まず、胸の前で両手を少し離して向き合わせ、手首の力を抜いて左右に振ります。手を振るという感覚でなく、手首から先を揺らすというイメージです。

●次に、手を下に向け、同じ感覚で手首から先を上下に揺らします。

●手を揺らしながら、意識を両ひじに移します（これにより、手首とひじの関節がゆるんできます）。

●そのままの動きを続けながら、意識を両肩に移します（手首・ひじ・肩の関節が、同時にゆるめられます）。

関英男氏が推奨していたとされる手振り運動も効果的です。これは、両足を肩幅くらいに広げて立ち、力を抜いて両手を前後に振ります。後方に強めに振って力を抜き、その反動で前に戻します（これを、好きなだけ行います）。

また、両手をすり合わせることにより、「手を温める」「レイキで手を浄化する」「レイキの噴出を高める」などの効果をもたらします。

手が冷たくても、冷たいエネルギーが出るわけではありませんが、冷たい手で触れられるよりも、温かい手のほうが安心感を与えます。

ここでは、即効的に手を温かくする方法を紹介します。

①胸の前で両手首を近づけ、左右のしわとしわを合わせます。
②親指、人差し指、中指、薬指、小指の順に、左右の指の関節を合わせます。
③開いている指を軽く閉じ、強めに押しつけながら左右の手をすばやく摩擦します。

これを簡略にした「V字合掌《がっしょう》」は、胸の前で両手首を直角に合わせ、いったんV字に反らせてから合掌し、強めに押しつけながらすばやく摩擦します。

また「交差合掌」は、両手を上下に交差させて合わせ、密着させてしっかり握ります。

イメージトレーニングが有効

エネルギーは、人の意識したところに集まり、イメージした通りに流れます。レイキも、どこに流そうと意識しなくても、必要なところに必要なだけ流れますが、それが体感できないうちは、イメージトレーニングなどでエネルギーの流れを高め、感じ取りやすい状態をつくり出すことが効果的です。

だからといって、意識集中によってエネルギーを強めようとすると、余計なものを取り込んでしまう可能性が高まります。また、自分の意識やイメージで何でもできると錯覚して、ヒーリングの目的（愛と調和の実践）とは違う道に踏み込み、自分のエネルギーを使うヒーリングになる恐れがあります。

つまり、意識の使い方を間違えないようにすることが大切です。それには、自分の意のままにしたい、あっと驚かせるような素晴らしいヒーリングをしたいといった思いを捨て、すべてを与えてくれている大自然を信頼してその働きに任せる（大宇宙の働きを邪魔しない）ように、純粋にレイキの回路になることに意識を合わせるのです。

このようなイメージトレーニングはそのうち必要がなくなりますが、最初のうちは有効です。では、いつまでやればよいかといえば、「ある程度エネルギーが感じられるようになる（これを気感が開発されるという）段階まで」と決めておけばよいでしょう。

ヒーリング効果は気感とは無関係で、何も感じなくてもどんどん手を当ててほしいものですが、何も感じないよりは、気感が得られたほうが楽しく、何よりレイキの流れを感じられることは安心感につながります。

ヒーリングをしながら、何も感じないと不満をいっている人は少なくありませんが、やがて、いやでも感じられるようになってきます。気感は人によって異なりますが、一般的には次のようにいわれています。刺激感、痛感、温熱感、冷感、圧力感、通風感、磁力感、通電感、麻痺《まひ》感、搔痒《そうよう》感など。

さてイメージトレーニングですが、四段階に分けて次のようなことを行います。

第一段階（リラックスから始める）

①手を振る（胸の前で両手を上下左右に振る、腕を立ててボールを投げる動き）

②気の球イメージ（両腕は水平で手は上向き、左右にイメージの球をのせる）

③気の球合体（球にレイキが入り大きくなる、左右と合体させて弾力を感じる）

第二段階（まず手をすり合わせる）

①気を左右に（両手で球を左右に挟み、右手から左手へ、左手から右手へレイキを送る）

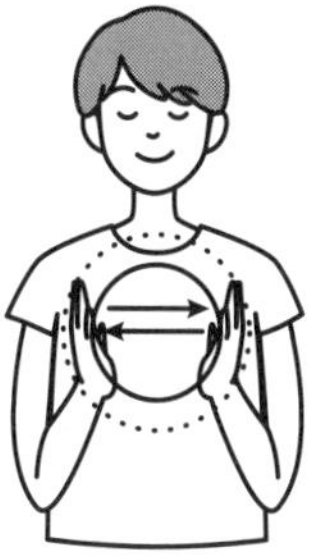

②流れを上下に（右手を上にして、上下に挟み、上の手から下の手へ、さらに手を入れ替える）

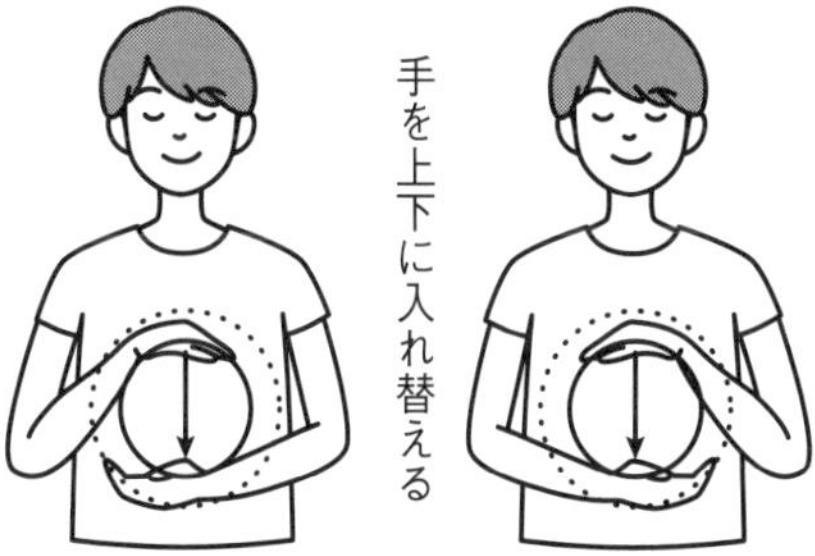

③気を丹田《たんでん》（へその下）に（左右の手で挟んだ球から、左右同時にレイキを受け取って、手・腕・肩と回し、背中で止めてから丹田に下ろす）

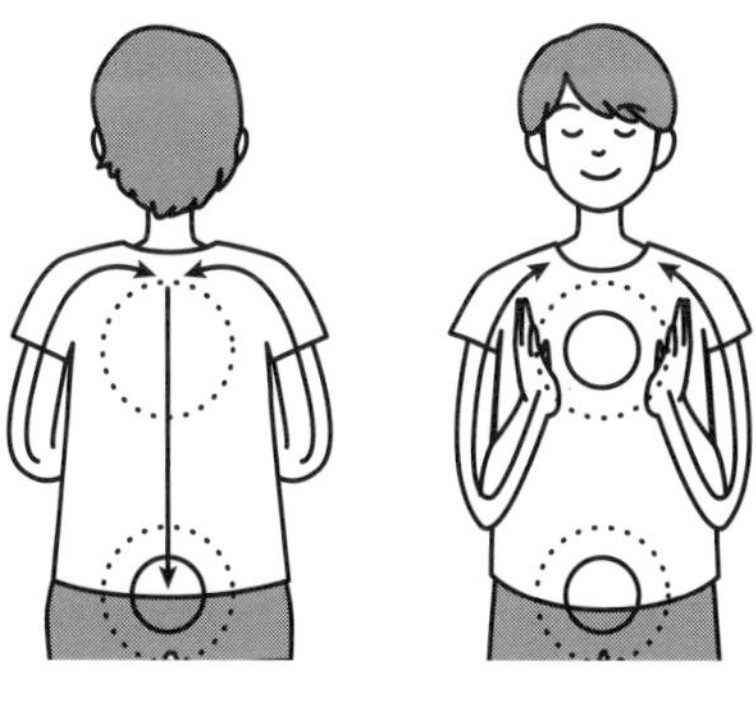

第三段階（強力に気感が高まる）

①指先を合わせる（左右の十本の指先を合わせ、徐々に離して気を感じる）

②V字合掌（手首を直角に接触させ、V字に反らせてから合掌、強く密着させる）

③交差合掌（両手を上下に交差させて合わせ、しっかり握る）

第四段階（レイキによる自律訓練法）

①両手をひざの上におき、左手は上向きに軽く開き、右手は下向きで軽く握る。レイキを吸う息とともに左手から吸い、吐く息とともに右手に入れる。次に、右手は上向きに開き、左手は下向きに握る。右手から吸って、左手に入れる。

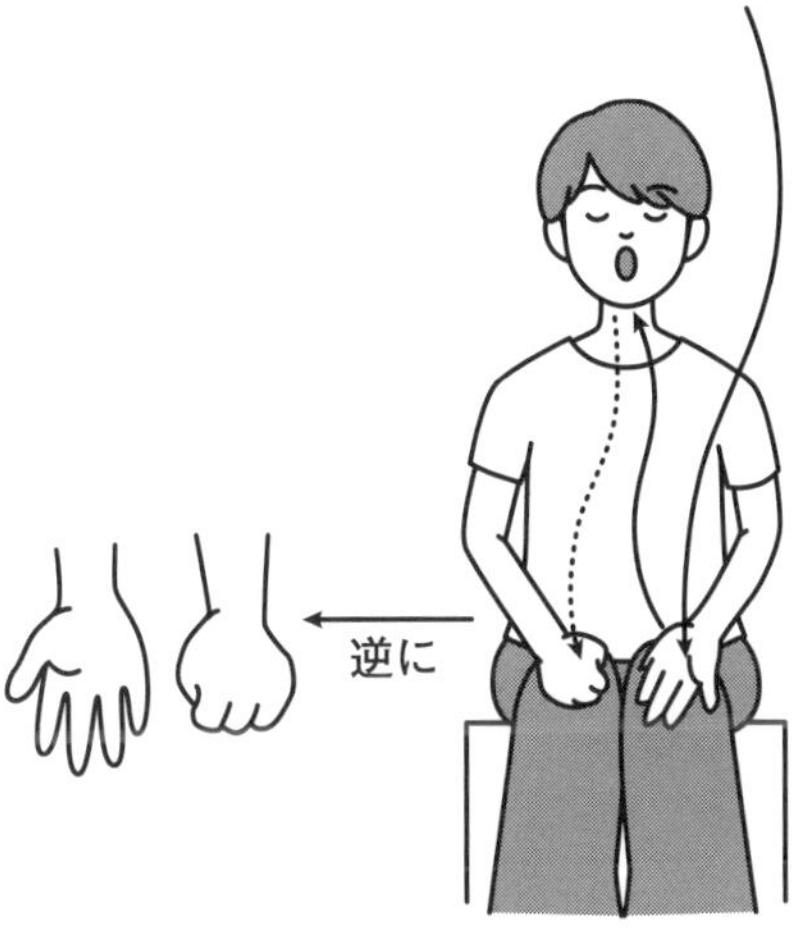

②左右とも、手は下向きに握る。頭頂から吸って、両手に入れる。

レイキヒーリングの基本

レイキヒーリングのやり方はシンプルですが、安全で効果的なレイキヒーリングを行うには、いくつかの基本を守らなければなりません。

伝統の臼井霊気療法は、「不調の原因がある箇所に発生するヒビキを見つけ、それを感じながら手を当てて、ヒビキが消えるのを待つ」というやり方でした。しかし、最初のうちはなかなかヒビキを感じ取れない人が多く、自分には能力がないと感じて、やめてしまった人も少なくなかったといわれます。

西洋式レイキは、ヒビキを探すことをやめ、病名や症状に関係なく「決められたポイントに、決められた時間、決められた順序で手を当てる」というシンプルなやり方を取り入れています。これは、「必要なところに必要なだけ流れていき、必要なとき必要な癒しが起こる」というレイキの特徴を生かすスタイルといえます。

基本12ポジションの紹介

レイキヒーリングは「頭から尾骨まで」を基本とし、この手順を「基本12ポジション」といいます。「頭部」「体前部」「体後部」の三つに区分して、それぞれ四ヵ所ずつ合計十二ヵ所のポイントに、順次手を当てて行います。この基本12ポジションは、単に12ポジション（または基本ポジション）と呼ぶことも多く、レイキをシンプルに効果的に活用するために、セルフヒーリングにも他者ヒーリングにも用いられ、多くの変化形を持つ応用範囲の広い技法。まずはこの基本12ポジションを行うことが、レイキヒーリングの基本と覚えてください。

それぞれのポジションに手を当てた場合の効果について、簡単に説明します。

［基本12ポジション・頭部（ヘッド＝H）］

H（ヘッド）は、人体の中枢である脳に、前後左右からエネルギーを送り、目、鼻、甲状腺などにもレイキを送って、リラックスと安らぎを与え、自然治癒力を高めます。

H―1　顔の前面　目、鼻、歯、あごなどの痛みの解消。集中力、バランス性の向上。ストレス解消。精神性の向上。

H―2　顔の両横　脳下垂体、松果腺《しょうかせん》のバランス。脳内ホルモンの調整。頭痛の解消。左右脳のバランス。ストレス解消。記憶力増進。意識の拡大。直感力向上。

H—3　後頭部　脳下部、脊髄《せきずい》、小脳、後頭葉の機能向上。言語脳力、視覚、色彩感覚向上。体重の調整。リラックス。創造性向上。恐れからの解放。洞察力、視野拡大。

H—4　咽喉《いんこう》部　血流促進、リンパ液、咽喉、甲状腺、血圧、代謝機能活性。自信、平静、安定化、喜び、幸福感。創造性、コミュニケーション向上。

［基本12ポジション・体前部（フロント＝F）］

Ｆ（フロント）は、のどの下にある胸腺部（免疫システムの中枢部）から、各内臓を経由して膀胱・性殖器まで、体の前部からレイキを送ってバランスを整えます。

F—1　胸腺部　心臓、肺、胸腺。血液循環促進、病気の抵抗力向上。自信、感情のバランス向上、ストレス解消、受容性向上。愛、至福感、安定性、調和性。

F—2　上腹部　肝臓、胃、胆のう、脾臓《ひぞう》、太陽神経叢《たいようしんけいそう》、消化機能の向上。不安、恐れからの解放、ストレス解消、リラックス、平安、バランス、高次元エネルギーとの同調。

F—3　丹田部　肝臓、膵臓《すいぞう》、胆のう、脾臓、大腸、太陽神経叢の機能向上。ストレス減少、不安不満解消、自信拡大。受容性、自信と力強さ。

F―4　下腹部　大腸、小腸、膀胱、卵巣、子宮、生殖器、前立腺、排泄器官の機能向上。性的原因による不調解消。不安、恐れ、緊張感の解放。柔軟性、意識拡大と向上。

［基本12ポジション・体後部（バック＝B）］

B（バック）は、肩から背中の中央を脊髄に沿って順次下降し、腎臓・副腎を経由して前立腺下部まで、体の後部からレイキを送ってバランスを整えます。

B―1　肩僧帽筋《そうぼう》　F―1と同じ。追加として、首、僧帽筋、胸椎《きょうつい》、腰椎《ようつい》、脊髄、神経組織などを原因とした不調の解消。リラックス。

B―2　背中上部　F―2と同じ。追加として、胸椎、脊髄、神経組織などを原因とした不調の解消。過緊張からの解放。

B―3　腰椎部分　F―3と同じ。追加として、腎臓、副腎、腰椎、神経組織などを原因とした不調の解消。内面の充実。

B―4　仙骨部　F―4と同じ。追加として、仙骨、尾骨、恥骨など下半身の骨格と、神経組織などを原因とした不調の解消。

基本12ポジションのヒーリング

[頭部（ヘッド＝H）]

H―1　顔の前面

両手を縦にそろえて、エネルギーを送ります。この場合、息苦しさを感じないように、鼻は覆わないようにします。覆う形になる場合は、少し浮かせておきます。

H―2　顔の両横

H―1の形から、両手を左右にスライドさせて、耳に触れたところで止め、親指を耳たぶの裏側に軽く添えます。手は頬の左右、指の部分がこめかみに触れます。手で耳は覆いません。

H―3　後頭部

H―2の形から、両手を左右にスライドさせて、耳を通り過ぎたところで止め、両手で後頭部を包むようにします。自然に左右に腕を張る形になるのが普通です。

H―4　咽喉部

H―3の形から、両手を首のところ（耳下）まで下ろし、あごのふちに沿って正面にスライドさせ、手首を合わせるようにして咽喉を包むようにします。

［体前部（フロント＝F）］

Ｈ（ヘッド）と違い、体前部は紛らわしい箇所が少ないので、イラストによって位置を確かめてください。

F—1　胸腺部

F—2　上腹部

F—3　丹田部

F—4　下腹部

【体後部（バック＝B）】

H（ヘッド）と違い、体後部は紛らわしい箇所が少ないので、イラストによって位置を確かめてください。

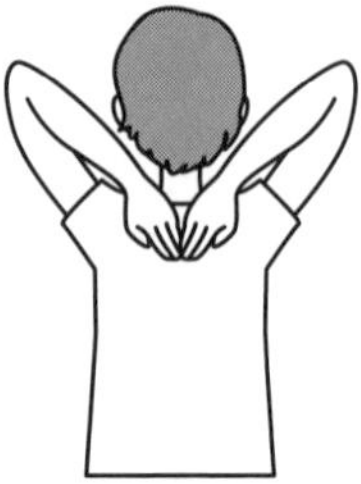

B―1　肩僧帽筋

B―2　背中上部

B―3　腰椎部分

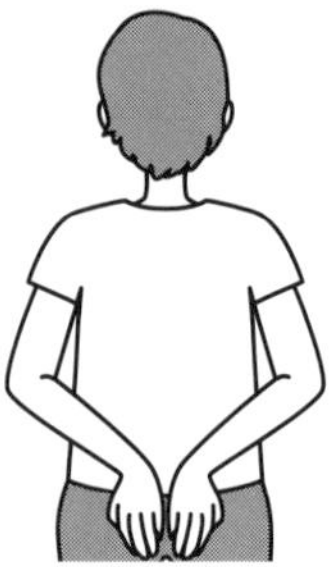

B―4　仙骨部

意識や念を使わずレイキに任せる

シンプルで効果的なレイキヒーリングのためには、紹介した基本12ポジションを活用することが大切です。次に重要なのは、安全なヒーリングのためには、自己のエネルギーを使わないということです。

たしかに、自分のエネルギーを使うヒーリングも存在します。強力な意識集中や念の力でエネルギーを集め、トレーニングによってエネルギーを強化し、そのエネルギーを使ってヒーリングをするものです。その結果、気の達人、癒しのプロと呼ばれ、即効的に痛みを消し、長年の肩こりや腰痛を治し、骨の歪《ゆが》みを修正するなど、超常的な能力をもって活動している人もいます。そのような能力はある意味で賞賛に値するものですし、能力を求める人も少なくありませんが、レイキヒーリングはそのような力を駆使するものではありません。

自己のエネルギーを使うと、相手のエネルギーとの闘いになることが多く、敗れると波動を引き下げられてしまいます。引き下げられると、同じような低い波動をもった人たちのエネルギーと共鳴することになります。また、相手にエネルギーを送りすぎて、自分の生命エネルギーが枯渇状態になる場合もあります。最初に臼井霊気療法を学び、江口式手のひら療治として独立した江口俊博氏は「病気を治してやろうと不用意に手を当てると、相手のカルマを受けることを覚悟せよ」といっています。これは「自分のエネルギーを使ってヒーリングをすると、低い波動の影響を受ける」と教えているわけです。

レイキヒーリングは「病気を治してやろう」などという思いをもたず、結果をコントロールしようとしない。レイキのもつ癒しの力と、ヒーリーに内在する自己治癒力を信頼し、結果はレイキに任せて、純粋なレイキを中継するだけなのです。これにより、必要なとき必要なことが起こり、ヒーラーとヒーリーが一緒に癒されていく、これがレイキヒーリングの大きな特徴です。

ヒーリングの前の念達が役立つ

以上で、レイキヒーリングを安全に効果的に行うための準備はできました。仕上げとして、レイキ特有の念達《ねんたつ》法を理解しましょう。「念達」とは、文字通り念を送ることです。というと、「あれっ、レイキヒーリングは念を使わないんじゃないの？」と思われる方もあると思います。そうです、ヒーリングに念（意識）は使いません。

ヒーリングに念を使うということは、多くの場合、効果を出そうとする思い（早く楽にしてあげたい、痛みを取ってあげたいなど）を加えることです。その結果「私の力で何とかしてあげたい」「レイキだけでは不安なので、私が応援してあげよう」ということになり、その思いが強くなると、レイキの流れに替わって自分のエネルギーを送り始めます。

では、念（意識）は一切使わないで、ただ黙って手を当てればよいのでしょうか。

もちろん、それで問題ありません。レイキの癒しの力、ヒーリーの生命力を信頼して、淡々と手を当てることができれば、念を使う必要は一切ありません。しかし信頼感が十分でないと、途中から不安の思いが出てきて、何かを付け加えたくなりがちです。そこで、念達法が役立ちます。

念達とは「調和の思い（念）を、言葉にして届ける」ことで、一種のアファーメーション（自分の積極的な生き方を表現する前向きの言葉）でもあります。念達とは念を送ることといいましたが、念を使ったヒーリングをするのではありません。ヒーリングの前に、「私はレイキと響き合う生き方を選択する」「私はレイキの導きを信頼する」などと念達し、ヒーリングが始まるとレイキのパイプに徹するのです。

たとえば、空港で航空券を購入するときは、目的に合った便を選択するために意識を使いますが、飛行機に乗り込んだら機長を信頼してすべてを任せるのと同じです。

念達の言葉はいくつかありますが、ここでは、セルフヒーリングの前には「健康宣言」（62ページ）、他者ヒーリングの前には「レイキと響き合う言葉」（64ページ）を取り入れることにします。

この二つは、多くの人が活用して、高い効果を実感しているものです。

セルフヒーリングの方法

①姿勢は自由ですが、楽な姿勢をとり、軽く目を閉じてリラックスします。両手を上げてレイキとつながり、右手を額に、左手を後頭部に当てます。

②右手から出るレイキにのせて、次の健康宣言を二回、潜在意識に念達します（黙念でも、自分に聞こえる程度の声を出してもかまいません）。**「私は、宇宙から健康につくられているという真実を受け入れ、今から、レイキと響き合う生き方をして健康になり、それを維持すると決断しました」**

③頭部から両手を離し、胸の前ですり合わせてから、「基本12ポジション」に順次手を当てます（手を当てる時間は、レベル1のセミナー修了者一ヵ所五分ずつ、レベル2修了者は二分半ずつとされていますが、こだわる必要はありません。未受講の方は、三〜五分をめどに、気持ちのよい範囲で実行してください）。56ページ参照。

④終えるときは胸の前で合掌し、**「レイキの導きによって、必要な気づきと癒しが与えられますように」**と念達してから終えるようにします。途中で眠ったときは、そのまま終了しても結構です。

他者ヒーリングの注意点

他者ヒーリングについては第三章で詳しく述べますが、ここでもざっと触れておきます。

他者へのヒーリングには、とくに注意が必要です。レイキは、軽く手を当てるか、手をかざすだけなので、常識的にも症状が悪化することは考えられません。しかし、押したり、叩いたり、揉《も》んだりした場合は、悪化しないという保証がありません。

まれに好転反応が出る場合があります。まず「エネルギーあたり」ですが、気分は悪くないが体がだるい、無気力感、脱力感など。次に体内エネルギーの活性化による症状で、一つは痛み、痒《かゆ》み、下痢、頭痛など、肉体面での反応。もう一つは怒り、恐れ、憎しみなど、精神面や感情面での反応。いずれもレイキヒーリングを受けたことによる、エネルギー状態を改善するための一時的な好転反応なので、心配は不要です。

ただし、二日経過しても軽快しない場合は、たまたまこの時期に別の原因による不調が発生した恐れがありますので、病院等で受診することを勧めてください。

異性の肌に直接触れたり、衣服を脱がせたりすることは問題が生じますので、慎重な気遣いが必要です。

ヒーリングは、何が何でも治してやろうというものでなく、相手の成長に役立つように、サポートするものです。したがって、嫌がる相手に無理に手を当てることは無意味です。特別な場合（意識不明の場合、重症で意思確認が困難な場合、子供や動物の場合など）を除いて、相手の同意が得られない場合は、当面は対象外としてください。

手当ても手かざしも効果は変わりませんが、人は手の温もりと接触感でリラックスを感じます。触れると痛みのある場合を除き、同意があれば手を当ててください。

他者ヒーリングの行い方

①姿勢は自由ですが、ヒーリーがリラックスできる姿勢をとり、ヒーラーもリラックスします。ヒーリーには、目を閉じて全身の力を抜いてもらいます。

②ヒーラーはヒーリーに近づき、適当な位置で軽く目を閉じて、次の「レイキと響き合う言葉」を、心の中で二回唱えます。

「私は、内なるレイキの光を呼ぶ。私は完璧なレイキの通路である。光がすべてを調和に導く」

③ヒーラーは目を開けて、ヒーリーのオーラ浄化を行います。ヒーリーの体から十センチく

らい離れた辺りに手をかざし、全身をなでつけるように、もしくは払うように、手を動かしていきます。流す方向は頭から足のほう、または左右です（頭頂は、左右に払ってもかまいませんが、エネルギーを下から上へは流しません。66ページイラスト参照）。

④ヒーラーは、両手を胸の前ですり合わせて温め、ヒーリーの「基本12ポジション」に順次手を当てます（手を当てる時間は、こだわる必要はありません。一ヵ所三分から五分をめどに、ヒーリーの状態を見ながら実行してください）。

⑤最後に、ヒーリーのオーラ浄化を行います。ヒーリング前と同じ要領で、優しくなでつけるように、整えるように、気の流れを誘導してください。少しでも異常感が感じられる部分は、とくに丹念に浄化してあげましょう（流す方向は③と同じです）。

以上は本格的なヒーリングの手順ですが、「肩にちょっと手を当ててほしい」という程度のヒーリングは、①～②のあと両手をすり合わせて温めてから、手を当ててあげてください。

上から下へ
やさしくなでつけるように
オーラの浄化

体内レイキの浄化と活性化技法

ここでは、あなたの体内で生命エネルギーとして働いているレイキを浄化し、さらに活性化させる技法を紹介します。私たちが日常の中で活用している現代レイキの技法で、「自己浄化の技法」と「自己成長の技法」という二つの性格をもっています。それは、手順を覚えて上手に活用するのが目的ではありません。

レイキヒーリングと各種技法を実践することにより、レイキとの響き合いが高まり、やがて「意識しなくても自動的にレイキと響き合える」ようになります。そして、日常のすべてがレイキと響き合うとき、真に健康で安らかな境地が実現します。技法をひと通り体験した後は、効果が感じられるものだけを選んで実践してください。自分の感覚を信じて、技法を「心地よく、楽しく、より効果的な方向」に変えてもかまいません。

「感じる」「イメージする」「思う」などの表現が出てきますが、これは「明確に感じる」「ありありと見えるようにイメージする」「強く思う」のではなく、「ただ、そう思うだけでよい」と理解してください。それによって、「考える」世界から「感じる」世界にスイッチを切り替えることになります。

〈乾浴法《けんよく》〉

古くから、神聖な儀式の前には、清浄な水で心身を清めていました。これを斎戒沐浴《さいかいもくよく》といいますが、乾浴法はレイキによって体内のエネルギーを清める技法です。体内レイキを高める「発霊法《はつれい》」という技法の最初に行うのが乾浴法です。

また、瞑想《めいそう》をする前、社寺参詣や墓参りのときなどに「心身を清める技法」として、いつでも活用することができます。

①立っても座ってもかまいませんが、まず合掌して心を静めます。最初に体の浄化です。右手を左肩に当て、右腰へ向かって斜めになで下ろします。続けて左手で右肩から左腰へ、さらに右手で左肩から右腰へなで下ろします。

（右手で）左肩→右腰
←
（左手で）右肩→左腰
←
（右手で）左肩→右腰

②次は両腕の浄化です。右手を左肩に当て、左手の手首・指先に向けて、さっとしごくようになで下ろします。続けて左手で右肩から指先へ、さらに右手で左肩から指先になで下ろします。

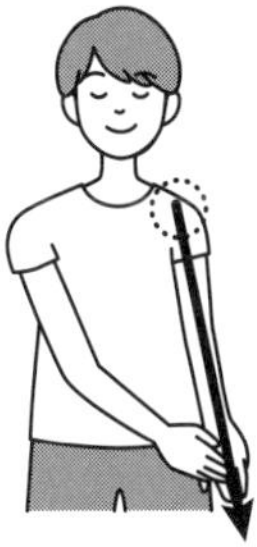

（右手で）左肩→左指先
←
（左手で）右肩→右指先
←
（右手で）左肩→左指先

〈自己浄化ヒーリング〉

このヒーリングは、自己を浄化し、癒し、高めるために行います。体内にエネルギーの停滞があれば流し、不足があれば速やかに補充して、エネルギー体のバランスを整えます。

これは、非常に気持ちがよく、効果の高い技法なので、時間と場所があればいつでも、好きなだけ実行してください。

①基本的には、立った姿勢で行います。足は肩幅に開き、「天地を貫く線」をイメージして、頭頂の百会《ひゃくえ》・背骨・尾骨をその線上に位置させます。目は閉じるか、半眼にします。

②両手を上げて、レイキの高い波動が、滔々《とうとう》と全身に流れ込むのを感じます。

③光の振動を感じながら、両手をゆっくりと下ろし、両腕を左右に張り、両手を下向きにして胸の前でかまえます。

④「ハァー」という波動呼吸（お腹から息を吐く感じ。初めから終わりまで同じ強さ）をしながら、両手を押し下げて、体内のエネルギーを下へ流します。手の動きとともに、体内のエネルギーが下降していき、足から流れ去るのを感じます。

⑤吐ききったら、吸う息に合わせて、両手を下に向けたまま上げていき、地のエネルギーを天に誘導します。

⑥頭の上で手を天に向けて地のエネルギーを開放し、同時に天のエネルギーを受けて、手を返して自分の頭に向けます。

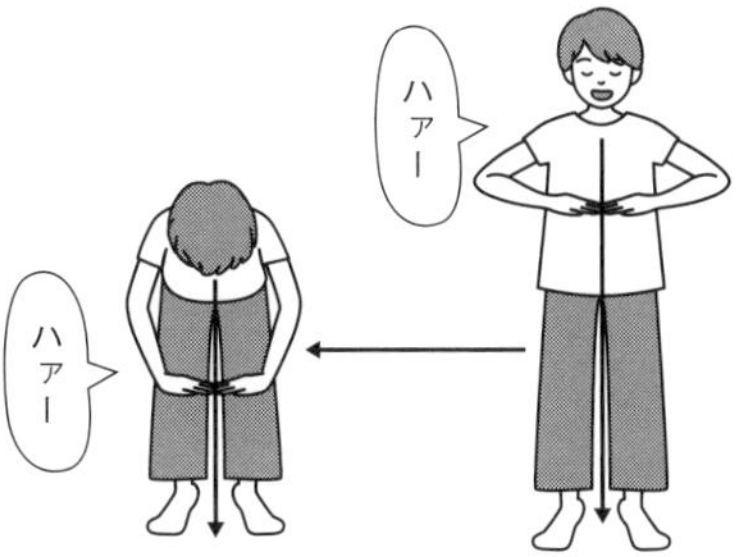

⑦「ハァー」という波動呼吸に合わせて、頭から顔・胸・腹と、手でエネルギーを下へ誘導し、足の裏から地下に流します。（手は自分に向ける）

⑧吐ききったら、再び息を吸いながら両手で地のエネルギーを天に誘導して開放し、さらに天のエネルギーを受けて、波動呼吸とともに体内を通して地下へ流します。⑤から⑦を自分のリズムで、しばらく続けます。

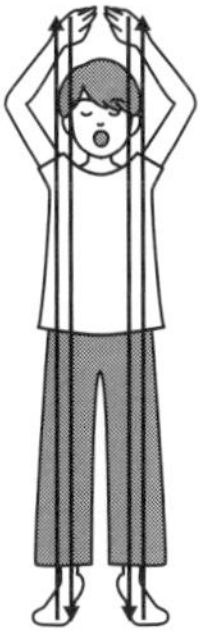

⑨最後は、吐く息とともにエネルギーを足の裏から流しきって、終わるようにします。

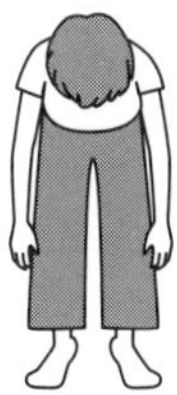

〈肩甲骨のバランストレーニング〉

このトレーニングは、全身のエネルギー循環を高めるためのセルフヒーリングです。肩甲骨の周辺はエネルギーの流れが滞りやすい箇所なので、エネルギーの流れを促進することにより、肩こりの解消にも効果的な技法です。

①足を肩幅に開いて立ち、目は閉じるか、半眼にします。自己浄化ヒーリングと同じように「天地を貫く線」をイメージして、頭頂の百会・背骨・尾骨をその線上に位置させます。両手を上げてレイキとつながります。

②ゆっくり胸の前で合掌し、力を抜いてリラックスします。

③合掌したままで左右のひじをぴったりと合わせ、肩も内側に狭めるように寄せて、肩甲骨をできるだけ開きます。合掌した手は自然に上がりますが、その姿勢で10数えます。

④合掌した手をそのまま頭上に伸ばし、さらに空の太陽の中心に、両手を思いきり差し入れるつもりで伸ばし、10数えます。

⑤両手を左右に開いて水平の位置でとめ、手は前向きの姿勢で、10数えます。

⑥両ひじを直角に曲げて左右に張り、力を入れて肩甲骨を狭め、この姿勢で10数えます。

⑦下腹部の前で下向きに合掌し、さらに地球の中心に、両手を思いきり差し入れるつもりで伸ばし、10数えます。

⑧合掌した手をそのまままゆっくりと胸の前に戻し、力を抜いてリラックスします。

⑨③〜⑦のトレーニングを、もう一度繰り返します。

〈太陽のエネルギートレーニング〉

このトレーニングは効果的なセルフヒーリングであると同時に、癒しの波動との共鳴を高めるための技法です。肩甲骨のバランストレーニングで体内エネルギーの流れを高め、続けて太陽のエネルギートレーニングを行うことにより、その人のエネルギー状態は最高になります。

①両足を肩幅に開いて立ち、目は閉じるか、半眼にします。

②両手を上げてレイキとつながります（つながったと思ってください）。両足からエネルギーが地下に伸びて、地球の中心とつながったとイメージします。そして、太陽のエネルギーをイメージします。

③頭の上で手を向き合わせ、その中に太陽のエネルギーが入ってくるのをイメージしながら、10数えます。

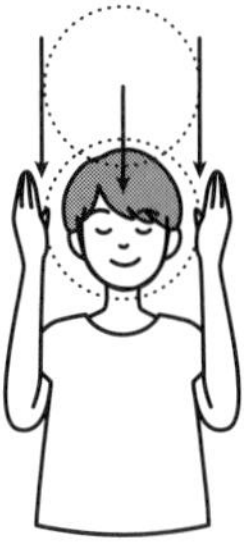

④太陽のエネルギーが両手の間にしっかりと収まったのを確認して、太陽を挟んだ両手をそのまま顔の左右まで下ろします。これにより太陽のエネルギーと顔全体が重なって、強力なヒーリングが行われます。この状態で10数えます。

⑤続けて、太陽のエネルギーを挟んだ両手を、首の左右まで下ろして10数えます。

⑥次に、太陽のエネルギーを持った両手を体の前に移動し、ハートに収めて10数えます。

⑦さらに、太陽のエネルギーを上腹部に下ろし、10数えます。

⑧最後に、太陽のエネルギーを丹田に下ろし、しっかりと収めます。そして左右の手を丹田と仙骨に当てて前後に挟み、20数えます。

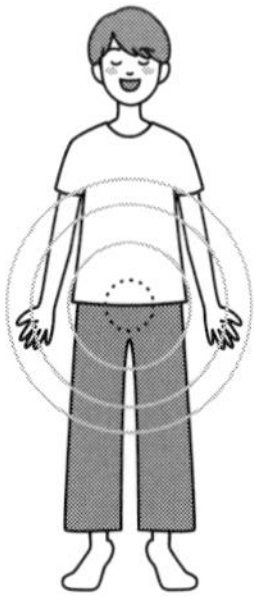

⑨手を離して肩の力を抜き、丹田から癒しのエネルギーが全方向に向かって無限に広がるのを感じます。十分に味わった後、ゆっくり目を開けます。

〈チャクラ活性呼吸法〉

レイキを呼吸とともに体内に導入し、心身を浄化するとともに、チャクラ（生命エネルギーの出入り口）のバランスを整えて、エネルギー体を活性化する技法です。就寝時の入眠技法としても有効です。

チャクラの位置についてはさまざまな説がありますが、ここでは左の表を基準として、呼吸法を行います。チャクラは、体の中心に直列に位置するものとします。

チャクラ	位置	意味するもの	象徴
第一チャクラ	尾骨部	サバイバル	根
第二チャクラ	丹田	センス	中心
第三チャクラ	上腹部	パワー	感動
第四チャクラ	心臓部	ハート	愛
第五チャクラ	のど	コミュニケーション	純粋性
第六チャクラ	眉間	ビジョン	超感覚
第七チャクラ	頭頂	スピリット	悟り

①姿勢は自由ですが、ゆったりとした楽な姿勢をとり、目を閉じ合掌して心を静めます。両手を上げ、レイキの高い波動が滔々と全身に流れ込むのを感じます。
②波動を感じながら手を下ろし、腹式呼吸を数回行って、心身ともにリラックスします。
③吸う息とともに、レイキエネルギーが頭頂から流れ込み、全身のすべての細胞に光が行き届き、レイキの光があふれてくるのを感じます。吐く息とともに、体内の緊張やネガティブな想いが、すべて出ていくのを感じます。しばらくこの呼吸を繰り返します。
④七つのチャクラの位置をイメージしながら、次の順序で「チャクラ活性呼吸法」をゆっくりと行います。
　まず、レイキエネルギーを一番の「尾骨のチャクラ」から吸い込んで、四番の「心臓のチャクラ」に満たし、吐く息で四番の中心から体の周囲に広げるように出します。

　次に体の前後左右から吸って四番の中心に集め、吐く息で七番の「頭頂のチャクラ」から出します。

　七番から吸って四番に満たし、吐く息で四番から体の周囲に出します。また四番から吸って、吐く息で一番へ出します。
⑤④の呼吸法を、自分のリズムで、好きなだけ行います。

通常は、一番または七番で息を吐ききってから終了しますが、そのまま眠るときはどこで終わってもかまいません。

〈レイキ回し〉

レイキ回しは、伝統霊気で行われている技法ですが、西洋式レイキにおいても「レイキサークル」と呼んで実践されています。人はひとりだけで生きることはできず、さまざまな人間関係の中で学び向上していきますが、それぞれの体内エネルギーも他の人との交流で高められます。

①何人かが集まって円形に人の輪をつくり、左手を上向きにし、右手を下向きにして手をのせ合います（軽く触れても、離してもかまいません）。あるいは、互いの手を握り合って人の輪をつくります。すると、レイキエネルギーが手から手へと、時計回りと反対方向に流れ、全員のマイナスエネルギーを開放していきます。しばらくして左右の手の向きを入れ替えると、エネルギーの流れは時計回りに変わり、プラスエネルギ

ーを充電していきます。

②エネルギーを感じにくい人も、この輪の中に加わると、エネルギーの流れを感じる場合が多くなります。感じない場合でもレイキの通りがよくなります。これは二人でも、向かい合って行うことができます。

③隣の人の中指を軽く手のひらに包み、親指の腹をその先端に触れる形で、レイキエネルギーを回したり、片手を隣の人の肩にのせてエネルギーを送ったり、横向きになって両手を隣の人の背中にのせてレイキを回したり、いろいろなやり方があります。

いずれのやり方でも、レイキ回しは全員のエネルギーを浄化し、流れを高めて高いヒーリング効果をもたらします。

自己治癒力を高める技法

人間や動物には、けがや病気を治す力・機能が生まれながらに備わっており、これを自己治癒力とも自然治癒力とも呼んでいます。私たちは自己治癒力という言葉を、自己再生機能（自ら癒す力）と自己防衛機能（免疫力）の総称として使用しています。

自己治癒力が正常に機能し、健康で安定した心を保つには三つの系（免疫・ホルモン・自律神経）が整っていることが大切といわれますが、それらのバランスを崩すのはストレスに他なりません。

ここではレイキによってストレスを軽減し、癒しの力を呼び覚ますと同時に、免疫力を高める技法を紹介します。

〈頭の前後を挟み健康宣言〉

人は、自分の意識で選択した通りの人間になるといわれます。レイキに関心をもつ人が「病気でなく、健康を選択する」ことは当然ですが、それを健康宣言というアファーメーションにして、自分自身の潜在意識に送り込んでからセルフヒーリングなどを行うと、より高い効果が得られます。

このやり方は「セルフヒーリング」（62ページ）で説明しましたが、このあと紹介する「胸腺、わきの下、へそ周辺への手当て」「アイウエオ式免疫活性法」なども、健康宣言に続けて行うと効果的です。

〈胸腺、わきの下、へそ周辺への手当て〉

まず「胸腺」は、胸骨の後ろに心臓にのるように存在するH形の臓器で、免疫系に関与する重要な臓器です。

①姿勢は自由ですが、軽く目を閉じて、心を静めます。

②両手を上げてレイキとつながり、ゆっくりと手を動かして両手を胸の前で合わせ、よくすり合わせます。

③両ひじを左右に張るようにし、両手を自分に向けて胸腺の上に当てます。位置は、のどと乳首の中間あたりになります。

次に「わきの下」は、リンパ節が集まっています。心臓から押し出された血液成分の一部は、血管の外に滲《し》みだしますが、これをリンパ管に集めて静脈に戻します。多くのリンパ管が合流するわきの下（腋窩《えきか》）には、細菌や有害物質を食い止めるためにリンパ節が集まり、関所のような役割をしているのです。また鼠《そ》径《けい》部（股《もも》のつけ根）や、頸部《けいぶ》にもリンパ節が集まっていますので、ここに手を当てるのも有効です。

①姿勢は自由ですが、軽く目を閉じて、心を静めます。

②両手を上げてレイキとつながり、ゆっくりと手を動かして両手を胸の前で合わせ、よくすり合わせます。

③右手を左のわきの下へ、左手を右のわきの下に当て、腕組みの形で前腕を交差させて力を抜きます。

さらに「へそ周辺」は、太い静脈やリンパ管が走っています。へそは東洋医学で神闕《しんけつ》（神が宿る）と呼ばれ、昔から胃腸の特効ツボとして知られますが、ここはすべての内臓器官を支配する自律神経の密集地帯で、交感神経と副交感神経のバランスを整える働きがある場所です。伝統霊気では「へそは人の原点」といい、へそ周辺によく手を当ててレイキを送りなさいと教えています。

「へその上に手を重ねる」「へその左右・上下を挟むように手を当てる」「一方の手をへその

上に当て、他方の手を上下左右のいずれかに当てる」など、短時間ずつでも手を当てるようにしてください。

〈アイウエオ式免疫活性法〉

笑いが免疫力を高めることは、よく知られるようになりました。おかしいときに笑うのは当然ですが、おかしくなくても笑顔をつくるだけで免疫力がアップするというのです。また顔の筋肉をストレッチすると、老化を防ぎ、免疫力を高めるといわれ、口の体操なども考案されています。この技法は、アイウエオという口の体操にチャクラ活性効果を加えて、免疫力を活性化するものです（チャクラの位置は76ページ参照）。

①姿勢は自由ですが座位で説明します。まず合掌して心を静めます。目の開閉は自由です。
②両手を上げてレイキとつながり、ゆっくり手を動かして両手を下向きにひざにおきます。
③まず、口を縦に大きく開いて「あァーーー」と長く発声します。
④口を横に大きく開いて「いィーーー」と長く発声します。
⑤口の先を丸め、前に突き出して「うゥーーー」と長く発声します。

⑥口を軽く開き、舌を大きく前に出して「えェーーー」と長く発声します。

⑦口を軽く開き、「おォーーー」と長く発声しながら、第七チャクラを振動させせます。

⑧続けて③〜⑦を繰り返し、⑦のところで「おォーーー」と長く発声しながら、第六チャクラを振動させせます。

以下同じように、③〜⑦のあと⑦のところで「おォーーー」と発声しながら第五チャクラ、第四チャクラ、第三チャクラ、第二チャクラ、第一チャクラを振動させていきます。

⑨終わった後は、目を閉じて心を内側に向け、すべてのチャクラの響きを感じるように心を静めます。

安らぎを感じ、意識を高める技法

乾浴法のところで、発霊法という体内レイキを高める伝統技法があると説明しましたが、その発霊法の中に、浄心呼吸法《じょうしん》（心を浄化する呼吸法）、精神統一法（心を整える瞑想法）の二つの中心技法があります。

この浄心呼吸法を「光の呼吸法」とし、精神統一法を「合掌呼吸法」として、日常の中で気軽に活用して効果が実感できるようにしました。

〈光の呼吸法〉

日常の仕事や人間関係の中で発生する緊張、不調和な感情などを手放し、ストレスを解消して心身を浄化する技法です。何かのきっかけで、不安定な精神状態になったり、怒り、悲しみ、恐れなどのネガティブな感情が湧き上がってきたときは、直ちに心身をレイキの光で満たします。それらは、レイキの白い光を充満させるだけで消滅してしまいます。

怒りや恐れにとらわれたとき、心が暗くなったときなどは、レイキとの響き合いが薄れていますので、光の呼吸法で響き合いを取り戻すことが大切です。

①姿勢は自由ですが、ゆったりとした楽な姿勢をとり、目は閉じるか半眼にします。

②合掌して心を静めます。両手を上げ、レイキの高い波動が、滔々と全身に流れ込むのを感じます。

③光の振動を感じながら両手をゆっくり下ろし、手は上向きに卵をにぎるように軽く丸めてひざの上にのせます（立っているときは体の横に下ろします）。心を丹田に沈めてリラックスします。

④吸う息とともに、「白い光のレイキエネルギーが頭頂から丹田に流れ込み、そこから体内一杯に広がっていく」とイメージし、全身の細胞のひとつひとつがレイキの光に包まれ、癒されていくのを感じます。

⑤吐く息とともに、「体内に充満した光が、全身の皮膚を通過して、オーラとなって無限に広がっていく」とイメージします。体のどこかに緊張やこわばりを感じれば、力を抜いて、どんどんゆるめていきます。

⑥頭頂からレイキを吸って、全身からレイキを放射するこの呼吸を、しばらく繰り返します。

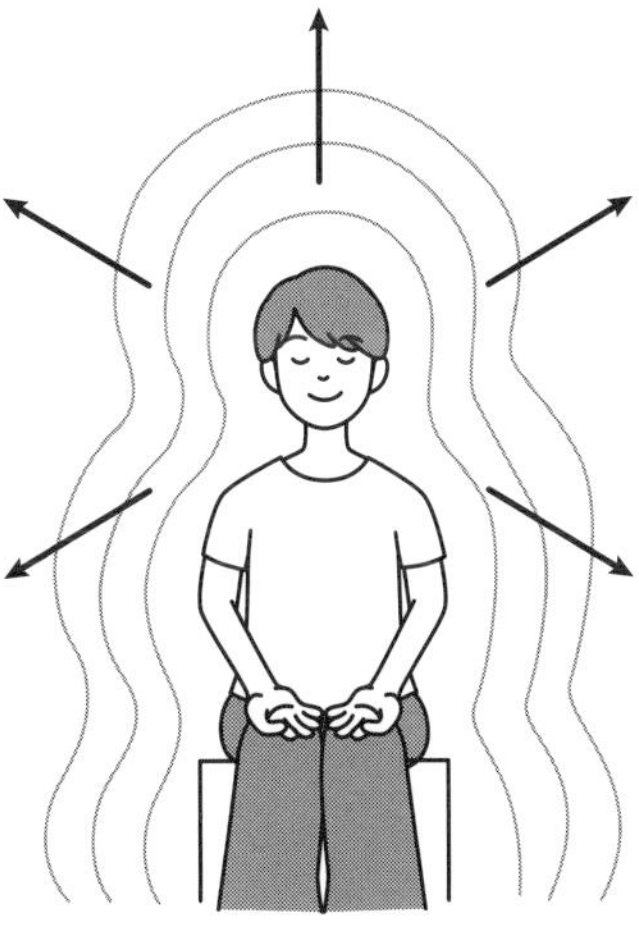

慣れれば、目を開けても、散歩しながらでも、電車の吊り革を持って立った姿勢でも、できるようになります。周囲に人がいるときは、そのままの姿勢で、光の呼吸法を繰り返します。少しの時間でも毎日気軽に実行していれば、心身はどんどん浄化されていきます。

〈合掌呼吸法〉

些細《ささい》なことに心がとらわれたり、感情が無意識に反応したりすることが少なくなり、常に安定した高い意識を持続することが可能になります。また直観力や受容性が高まり、手の感覚も開発されます。

①立っても座ってもかまいませんが、ゆったりとした楽な姿勢をとります。目は閉じるか半眼にし、呼吸は無理のないテンポでゆっくりと行います。

②まず合掌して心を静めます。両手を上げ、レイキの高い波動が、滔々と全身に流れ込むのを感じます。

③光の振動を感じながら両手をゆっくり下ろし、両手を胸の前（心臓よりもやや上）で合わせ、意識を軽く丹田において心を静めます。

④吸う息とともに、「合掌した両手の指先からレイキが流れ込み、丹田に充満する」とイメージし、吐く息とともに、「丹田に充満したレイキが、両手の指先から勢いよく放射されている」とイメージします。

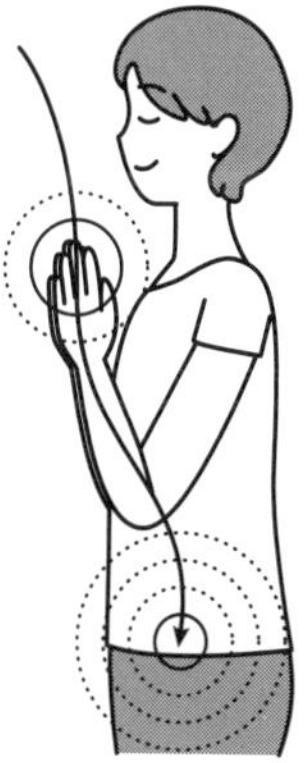

⑤この呼吸をしばらく繰り返し、合掌して終了します。

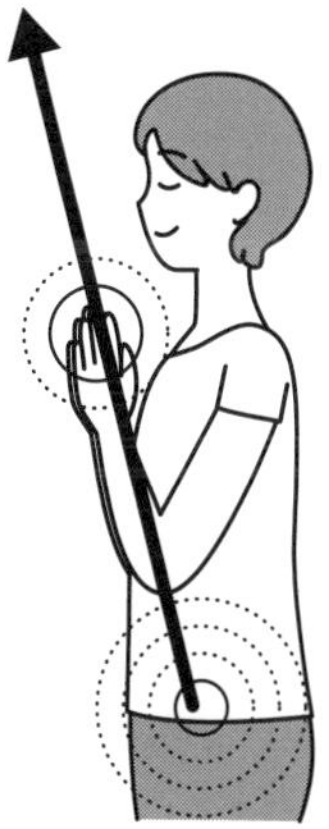

第二章　レイキをもっと知りたい

―レイキの歴史・知識あれこれ―

レイキの起源

レイキ（霊気）というエネルギーがいつどのようにして発生したのかは、誰にもわかりません。しかし、宇宙空間に不思議なエネルギーが存在することは、古くから世界各地で体験的に知られていました。

このエネルギーを、ある国ではプラーナと呼び、別の国ではマナと呼び、プネウマ、バラカ、ムゲベ、ハシナ、オキと呼ぶ国や部族などもあり、中国では気、日本では霊気と呼んで活用していました。数え上げれば、まだまだ多くの名前を見つけることができるでしょう。

このエネルギーは宇宙生命エネルギーとして宇宙に満ちており、完全な状態で体内に取り込めれば、内在する生命力を高めることができるとされていました。古来、ひとりひとりに内在する生命力を高めることが、すべての治療法の基本でした。

釈迦やキリストは手当てによって癒しを行ったと伝えられ、古代ギリシャの神文には「合《がっ》掌《しょう》して按手《あんしゅ》すれば万病癒ゆ」（合掌し、手を当てれば、すべての病が癒える）と書かれています。

中世のヨーロッパ（イギリス、フランスなど）では、代々の国王が手を当てて国民の難病

（頸部リンパ節の結核など）を治したと記録されており、ロイヤルタッチ（王の手当て）としてシェークスピアの作品にも登場しています。そのような能力をもっていることが、王位を継承する資格の一つであったともいわれます。

また、近代文明と接点をもたず、古来の伝統を継承している原住民の人たちの中にも、このエネルギーが活用されている事実を発見することができます。

このように、さまざまな名前で呼ばれていたり、エネルギーに対する理解が異なったりしていても、宇宙に満ちる生命エネルギーの存在はあらゆる地域で認知され、活用されていました。現在、レイキ（臼井レイキ）と呼ばれて世界に普及しているのは、一九二二年（大正十一年）に臼井《うすい》甕男《みかお》先生が創始した癒しの技法ですが、このようにエネルギーそのものは有史以前から存在し、日本では古くから霊気の名で活用されていたものです。これについては、私がレイキ関係者のためにまとめた『レイキのエッセンス』という小冊子の中の、「レイキとは何か」と題した部分を、序章の最初に紹介しておきました（12ページ参照）。

明治から昭和初期の霊術ブーム

明治時代は、維新によって日本の政治体制が一変し、従来の価値観が大変革を遂げた時期でした。欧米列強の軍事的・経済的圧力に対抗するため、天皇を中心とした中央集権国家の構築をめざし、富国強兵を国の重要施策として、海外の優れたシステムや技術を大胆に吸収し、国力を増強していきました。国民には、江戸時代の身分制度を撤廃して四民平等とし、日本全国の往来の自由を認め、職業選択の自由を与えるなど、さまざまな改革を行いました。その後、国内外とも多くの変遷を経て、一九二〇年（大正九年）に設立された国際連盟には常任理事国として参加し、明治維新から約五十年という速さで、世界の列強と肩を並べるまでに成長しました。

大正時代は、大正デモクラシーを基礎とした安定期とみなされる反面、近代日本の象徴であった明治天皇の崩御《ほうぎょ》と、即位された大正天皇の病弱などから、潜在的な不安感がただよった時代ともいわれます。都市部には享楽的な文化が栄え、その裏にはスラムが形成され、騒乱や労働争議なども多発して政治的な混乱も起こりました。

この大正時代を中心にして、明治末期から昭和十年代（第二次世界大戦前）まで、霊術家《れいじゅつか》と呼ばれる多くの治療家たちが出現し、大活躍して日本国内で大ブームを巻き起こしました。

これらは、日本古来の伝統的な古神道《こしんとう》、修験道《しゅげんどう》、仙道《せんどう》、呪術《じゅじゅつ》、占術などに、西洋から輸入された心霊思想（スピリチュアリズム）や心理療法などを融合させて独自の技法を編み出したもの。一群の民間療法（代替療法）を総称して霊術と呼んでいました。霊術は整体、催眠術、呼吸法、静座法、念力、気合術、エネルギー療法など多岐にわたりますが、その中心は手当て・手かざしなどの手のひら療法であったといわれます。

有名な霊術家だけでも数十人に上りますが、少しだけ名前を挙げてみますと、精神霊動法（桑原俊郎）、江間式心身鍛練法（江間俊一《えましゅんいち》）、人体放射能療法（松本道別《みちのぶ》）、高等催眠学（古屋鐵石《てつせき》）、岡田式静坐法（岡田虎二郎）、肥田式強健術（肥田《ひだ》春充《はるみち》）、霊感透熱療法（石抜霊覚）、太霊道《たいれいどう》（田中守平《もりへい》）、生気療法（石井常造）、整体操法（野口晴哉《はるちか》）、洗心流霊気療法（松原皎月《こうげつ》）、心源術（西村大観）、生道霊掌術（大山霊泉）、森式触手療法（森美文）、気合術（浜口熊嶽《ゆうがく》）などなど。

列挙するときりがありませんが、霊術の名前を見ているだけで何となくイメージが湧き上がり、当時の人々の心を魅了したと思われます。

このような霊術ブームといわれる時代の真っ只中、一九二二年（大正十一年）四月に数え年で五十八歳（満五十七歳）の臼井甕男先生が、「心身改善臼井霊気療法」という新しい癒しのシステムを世に問うべく、東京の原宿に本部を構えることになったのでした。

すでに多くの霊術家が、霊気、霊気療法という言葉を使っており、宇宙霊気の活用という点では目新しいものではありませんでしたが、病気治療にとどまらず、霊気を活用して「手当て療法を入り口に、安心立命《あんしんりつめい》（心の平安）の境地をめざす」という臼井霊気療法は、当時の海軍関係者が注目し、海軍士官たちが多数入会してきました。

臼井霊気療法（伝統霊気）の発祥

臼井霊気療法はどのようにして生まれたのか、創始者臼井甕男とはどのような人だったのかについて、『レイキのエッセンス』の中の「臼井霊気療法の発祥」の項で、次のように解説しました。

《現在世界に普及しているレイキ法は、臼井霊気療法ともいい、一八六五年（慶応元年）に生まれた臼井甕男という人が始めました。若いころ、郷里の岐阜県を離れ、各種の職業を体験するうちに、「人生の目的とは何か」と、深く考えるようになりました。長い探求のあと、「人生の目的は、安心立命を得ることである」という結論に達しました。

それは「人は自分の力で生きているのではなく、宇宙から使命を与えられ、生かされている」という真実を知ること。そして「人を生かしている宇宙が、人の不幸や病気を望むことはない。宇宙を信頼して、人生でなにが起こっても動揺せず、いつも安らかな心を保ちながら、自分の役割を果たして行けばよい」ということでした。

このように理解した臼井先生は、安心立命の境地を求めて、京都の寺で3年間の座禅を行いました。しかし、めざす心の境地は得られず、ついに死を覚悟して鞍馬《くらま》山で断食の結果、体内の波動と宇宙の波動が共鳴して、自己と宇宙との一体化が得られ、求めていた境地が完成しました。

臼井先生は、宇宙と共鳴した高い波動をレイキだと直感しました。そして「レイキは宇宙の導きの波動であり、レイキと響き合う生き方こそが、健康と幸福への道である」と悟りました。帰宅の途中、次々と癒しの体験が続き、宇宙から癒しの力が与えられたことに気づきました。

この癒しは、鞍馬山での体験と同様、レイキの波動と響き合うことで、効果的に起こるものでした。「これは、自分の体験を多くの人と分かち合えという、啓示である。誰でも出来る手当て療法を入り口にして、人生の目的である安心立命を伝えていこう」と臼井先生は決意されました。

これを臼井霊気療法と名づけ、「この力を多くの人に伝えたい」と、一九二二年（大正十一年）四月、東京で臼井霊気療法学会を創設し、多くの人に霊気療法を教えました。臼井霊気療法学会は現在も存続し、伝統霊気と呼ばれています》

創始者・臼井甕男が得た境地

臼井甕男先生は、一八六五年（慶応元年）八月十五日に岐阜県山県《やまがた》郡谷合村（現在の山県市谷合）で、父・宇左衛門と母・さだとの間に生まれました。両親と姉（しゅう）、弟二人（粲哉《さんや》、邦兹《くにじ》）の六人家族で、父は小さな日用雑貨店や木材の販売などを手がけて生活していました。祖父は桂泉という地酒の醸造家でしたが、長男の宇左衛門は後を継げず、家業は弟の丈右衛門が相続したため、経済的に豊かとはいえなかったようです。臼井先生はこのような環境の中で、幼少の頃から勉学に励み、その実力は友人の中で群を抜いていました。近くの寺子屋で学びましたが、さらに向上の機会を求めて郷里を離れました。

経済的な困難の中で欧米や中国に渡航し、歴史、医学、宗教、心理学、神仙術、易学、人相学などの知識を深め、職業も官吏、会社員、実業家、新聞記者、政治家の秘書、宗教の布教師、刑務所の教誨師《きょうかいし》など、多くの体験を積み重ねたことが、臼井霊気療法を創設する基礎になりました。人生の裏表を深く知るにつれて「人生の目的とは何か」と考えるようになったのは、自然の成り行きでした。

「人生の目的は、安心立命を得ることである」という結論に達するまでにそれほど時間はかからず、それを体得するために苦心されたように感じます。

一寸先は闇といわれるように、私たちはいつ何が起こるかもわからない世界に住んでいます。その中にあって、常に安らかな心を維持し続けることは私たちの共通の願いですが、逆境の中を生き抜いてきた臼井先生の思いはとくに強いものがありました。

臼井先生は、安心立命の境地（大安心の境地ともいう）を獲得しようと、禅の道を選びましたが、期待に反して困難な道でした。「人を生かしている宇宙が、人の不幸や病気を望むことはない。宇宙を信頼して、安らかな心を保てばよい」と頭で理解しながらも、何かあるごとに心が揺れ動き、怒りや不安の思いにとらわれる日々でした。

三年間の座禅も成果が得られず、師の禅僧にアドバイスを求めたところ、「一度死んでみることだな」と突き放されたのを機に、「人生の目的である安心立命が得られないなら、このまま生きていても仕方がない。自分の人生はもうこれまで」と心を決め、一九二二年（大正十一年）の早春、京都郊外の鞍馬山上で断食に入りました。

三週間目の深夜、脳の中心を落雷が貫いたような衝撃を受け、意識不明となりました。気がつくと、東の空は白々と明けはじめており、今まで味わったことのない透明な、爽やかさに満ちた意識状態の中にいました。

このとき、体内レイキと、鞍馬全山に満ちた宇宙レイキが共鳴して、「私は宇宙だ、宇宙は私だ」という宇宙との一体化が得られ、求めていた安心立命の境地に到達しました。「いま、体内レイキと宇宙レイキとが完全に響き合い、深い安らぎと至福の中にいる。これこそが安心立命の境地であり、健康と幸福の道である」という気づきを得た臼井先生は、それ以来、常にレイキとの響き合いが保たれ、安らかな心を維持し続けることができたといわれます。

帰宅の途中、木の根につまずいて足の爪を傷め、思わず手を当てると痛みが消え、虫歯で苦しんでいた茶店の娘に手を当てると腫《は》れと痛みが去り、病床にあった妻の肩に手を置くと瞬時に癒えるなど、次々と不思議な体験が続いたため、癒しの能力が与えられたことを自覚しました。安心立命への到達は、内外のレイキの共鳴で達成されましたが、癒しも同じように、内外のレイキが共鳴したときに起こることが体感できました。

臼井霊気療法学会の設立

「手当て療法を入り口として、多くの人に安心立命の道を伝える使命を与えられた」と認識した臼井先生は、教え（五戒）と指導体系をつくって「心身改善臼井霊気療法」と名づけ、一九二二年（大正十一年）四月、東京・原宿に臼井霊気療法学会を設立して、公開伝授（会員制により霊気療法を指導すること）と、公衆治療（希望する人に霊気治療を行うこと）を開始しました。臼井霊気療法に関心をもつ人たちが多数入門するとともに、治療を受けたい人たちが各地から集まり、戸外に長い列をつくりました。

一九二三年（大正十二年）九月に関東大震災が発生し、負傷者や病人が市中にあふれたとき、臼井先生は門弟とともに連日市中を巡回して治療に当たり、多くの人を救いました。これを機に霊気療法の効果が認識され、入門者が増えたといわれます。

会員の増加に伴い、一九二五年（大正十四年）二月に本部を東京・中野に移転し、各地に支部が設立され、学会は発展の一途を辿《たど》りました。この頃、二十一名の師範が誕生して会の運営や会員の指導を手伝うようになり、臼井先生は各地に出かけることが多くなりました。

一九二六年（大正十五年）春、師範会の席で牛田従三郎《うしだじゅうさぶろう》氏を第二代会長に指名してから臼井先生は東京を出発。呉・広島・佐賀を訪れたあと、三月九日に福山の宿で逝去されました。数え年で六十二歳（満六十歳）、門弟は二千人余と伝えられています。

日本国内での霊気の普及

臼井霊気療法の公開伝授が開始されると、当時の霊術（民間療法）ブームもあり、世間の注目を集めましたが、目立った特徴は、民間人に混じって海軍の高官たちが多数入門したことでした。そのため、海軍の意思が働いていたという人もいますが、スタートしたばかりの民間療法に国家機関が関与することは考えられず、多くの民間療法の中で精神性向上を重視するシステムに魅力を感じた結果と思われます。

また、海軍関係者は狭い艦内で長期の海上生活を強いられ、病気のときも次の寄港地まで完全な治療が受けられないため、レイキの活用で自己の生命力を高めることの重要性に着目したことは、自然の成り行きといえるでしょう。

臼井先生から最高段階の神秘伝を授けられ、師範に認定された海軍関係者は、海軍中将（和波豊一《わなみほういち》）、海軍少将（牛田従三郎、武富咸一《かんいち》、今泉哲太郎）、海軍大佐（林忠次郎《ちゅうじろう》）などで、いずれも臼井霊気療法を普及させる原動力となりました。

牛田従三郎（海軍少将）が第二代会長として臼井先生の後継者となり、逝去から三年後の一九二九年（昭和四年）末には、全国に六十ヵ所の地方支部と約七千名の会員を擁するまでになりました。

牛田会長になってから、初期の会員が独立する動きもあり、旧制甲府中学の校長であった江口俊博氏が「手のひら療治研究会」を設立して会員五十万人以上、大阪の公務員であった富田魁二氏が「富田流手あて療法」を創始して会員二十万人以上を集めたといわれていますす。また、師範であった林忠次郎（海軍大佐）が「林霊気研究会」として独立していますが、これは他の二人と異なり、臼井霊気療法を世界に普及させるための大きな使命を与えられての独立行動であったと思われます。他にも臼井霊気療法の流れをくむ療法家もあり、それらを合わせると百万人以上の実践者があったといわれます。

しかし本家の臼井霊気療法学会は、「たとえ霊気療法の素晴らしさを認識させる目的であっても、効果を宣伝してはいけない」という臼井先生の指示を守って宣伝せず、口コミだけで普及したため、大きな組織にはなりませんでした。今の感覚では、効果的なものを多くの人に知らせるためのＰＲや情報提供はむしろ必要なことだと思いますが、効果を宣伝して人集めをしようとするのは卑しい行為だという臼井先生の価値観・潔癖感が、そのような指導になったのでしょう。
劇作家として有名だった松居松翁《まついしょうおう》氏は、『サンデー毎日』一九二八年三月四日号に「隻手萬病を治する療法」と題して次の一文を寄せています。

《この隻手万病を治する療法なるものは、霊気療法という名の下に、或る特殊の人々によって行われているものである。これを発見したというか、または創見したとでもいうか、ともかくその療法の開祖（このグルウプでは肇祖《ちょうそ》といっている）は臼井甕男という人で、すでに三年ばかり以前に他界し、今はその弟子であった人々が治療所を持ち、或いはその療法の伝授をも行なっている。しかし、隻手よく万病を治するほどな療法でありながら、未だ余り世間に知られていない。何故かといえば、この臼井なる人が特にこれを吹聴することを嫌ったから、その末流を汲む人々もまたなお宣伝することを避けているがためである。しかし、わたしは、その宣伝嫌いがどうしても判らない。（中略）そのことが真理で人類の幸福に寄与するものがあらば、これを宣伝するが人間としての義務ではないか。だからわたしはこの療法について、他人から尋ねられれば親切に宣伝をする。雑誌新聞から寄稿を求められれば、わたしは喜んで書く。だもんだから、わたしに対して相当に反対があるそうだ。或いは異端者の様に思われているかも知れぬ。しかしこんな立派な療法が世にありながら、これを一般に知らしめないということは、頗《すこぶ》る遺憾千万な話だと思っている。道徳的にも、世間的にも、如何にも惜しいものである。そこでわたしは多くの人々のため、喜び勇んで宣伝をするのであるが、特に大毎東日ほどな大新聞の読者から、この療法について質問されて、「いや、てまえの療法は宣伝が嫌いですから、何事も申し上げられません」と断わったら、記者諸君なり、読者諸君なりは、それこそ霊気療法を山師の仕事と思うかもしれない。「あらゆる病気を癒すなどと広言を吐いても、さあという時には、責任を負った発表が出来ぬじゃないか」といわれても仕方がない。だからわたしは、霊気療法そのもののためにも宣伝する、真理を公表する。この意味で喋《しゃべ》るのだから、わたしの態度は、本療法関係者の意志に基づくものではない。全然わたし一個の思考から独自の立場にあって、あえてこれを発表するものである。病魔に悩む多くの人々のため、わたしは、どう考えて見ても、この口を緘《かん》してはいられない、わたし自身について見ても、この療法を知って以来のわたしの気持は、とても凝《ぎょう》乎《こ》として芝居なんか書いていられない様な、実際を告白すれば、まあそんな風な気持になっている。わたしが一生懸命にこの療法を宣伝して、自分の理想を実現する時が来れば、日本は実に極楽になるのだ。いや、延《ひ》いては世界中が無病息災のパラダイスになるのだ、ああ、

一人にでも多く宣伝したい。（以下略）》

ちなみに臼井霊気療法学会は、第三代会長・武富咸一（海軍少将）、第四代会長・渡辺義治《よしはる》（哲学者）、第五代会長・和波豊一（海軍中将）、第六代会長・小山君子（大学教授夫人）、第七代会長・近藤正毅《まさき》（英文学者）と継承されましたが、現在は家庭療法としての会員研鑽《けんさん》に限定して、一般への公開伝授は中止されています。

レイキが日本、アメリカ、海外へ

日本発祥のレイキが海外に普及した経緯を、『レイキのエッセンス』の中では「西洋式レイキへの流れ」として次のように解説しています。

《国内で伝承されている伝統霊気に対し、西洋式レイキという系統があります。臼井先生の門下生は約二千人、うち師範（指導者）は二十一人でしたが、臼井先生から最後の師範として認定された林忠次郎（元軍医・海軍大佐）が、臼井霊気療法をハワイに伝えました。林先生は臼井先生の死後、林霊気研究会として独立しました。

ハワイから日本へ病気治療に来た高田ハワヨの難病が完治したあと、彼女は林先生からレイキを学び、林霊気研究会の霊気マスターとなりました。彼女はハワイでレイキ治療を行い、二十二名の霊気マスターを養成しました。高田先生の死後、指導者たちは二つの団体に分かれ、レイキ療法の普及を始めました。レイキの学びやすいシステムと、高い効果性が多くの人に認識され、瞬く間に世界中に普及しました。現在、レイキ実践者の数は、五百万人以上といわれています》

林忠次郎（海軍大佐）は臼井先生の門弟の中でも特筆すべき存在で、後述の高田ハワヨ先生とともに「西洋レイキの祖」といわれています。高田先生はハワイで二十二名のレイキマスターを養成し、そのマスターたちが臼井霊気療法（臼井式レイキ、臼井レイキ）を世界に普及させましたが、彼女にレイキ療法を教え、世界最初のレイキマスターとして認定したのは林忠次郎先生でした。

林先生は一八七九年（明治十二年）生まれで、一九〇二年（明治三十五年）に海軍兵学校を卒業。将官でないため詳しい軍歴は不明ですが、現役時代は軍医であったといわれ、予備役の海軍大佐となった後の一九二五年（大正十四年）に臼井先生から神秘伝を与えられて師範となりました。

神秘伝者は役員として会の運営に当たり、師範として会員の指導を行いますが、臼井先生から「医学的な知識経験を生かし、霊気療法をやさしく、より効果あるものにするための研究を行い、学会にフィードバックするように」と特別な役割を与えられて、東京・信濃町に霊気治療所を開業し、同時に「林霊気研究会」を立ち上げて、臼井霊気療法の効果を高める新しい試みを次々に導入しました。

臼井先生の死後、牛田会長の方針との違いから、学会を離れて「林霊気研究会」として独立しましたが、独立後も臼井先生を尊敬し続け、「臼井甕男先生遺訓・五戒」と書いた自筆の軸の前で治療や講習を行いました。その結果、独立した人たちが新しい名前をつけ、独創性を前面に出して活動したのとは異なり、革新的で独創性にあふれた内容に進化させつつも、臼井先生の教えと、臼井霊気療法の名を世界に広めることに貢献しました。林先生は、健康と幸福の道である臼井霊気療法の「健康への道」を進化させ、世界に受け入れられるシステムを構築した功労者といえるでしょう。

西洋式レイキの確立

林忠次郎先生と高田ハワヨ先生との出会いも、レイキを世界に普及させるための必然の仕組みだったのかもしれません。

高田先生は日本人を両親に持ち、一九〇〇年（明治三十三年）にハワイで生まれた女性ですが、二十九歳のときに幼い二人の娘を残して夫に先立たれ、彼女も胆石、喘息《ぜんそく》、腫瘍《しゅよう》などの病状が悪化しました。医師から余命わずかと宣告され、三十五歳になった一九三五年（昭和十年）に、子供とともに両親の故郷である日本の土を踏みました。

この前後の事情は彼女自身が詳しく語っており、西洋の多くのマスターたちも伝えていますが、赤坂にある前田整形外科で手術を受けることになります。

手術台に横たわった瞬間、「手術を受けてはならない、それは必要ない」という威厳のある声が内側から三度聞こえて彼女は手術台から降りました。前田医師は手術以外の治療法を選択したいという彼女の希望を受け入れ、栄養士として勤務していた妹の志村夫人を紹介しました。志村夫人は、赤痢で昏睡状態になって林先生のところへ運ばれ、奇跡的に回復した経験があり、林先生の霊気治療所へ同行してくれました。

三ヵ月後には症状が消え、八ヵ月後に完全な健康を取り戻した彼女は、自分も霊気療法を学ぶことを決意し、林霊気研究会に入門して一年間の学びを終え、奥伝の資格を認定されました。一九三七年（昭和十二年）に二人の娘たちとハワイに帰り、レイキクリニックを開きました。

林先生は霊気療法を普及するために何度もハワイを訪れ、講習会を高田先生に手伝わせてマスターとしてのトレーニングを行いました。そして一九三八年（昭和十三年）二月二十一日に、世界で最初のレイキマスターに認定しました。

高田先生はマスターになった後もレイキクリニックでの治療が中心で、一部の人に個人指導をする程度で本格的なセミナーを行いませんでした。そのため一九七五年（昭和五十年）の段階では、彼女が世界で唯一人の臼井式レイキマスターでしたが、一九七六年（昭和五十一年）頃からマスターの養成を始め、他界するまでに二十二名のレイキマスターを認定したといわれます。

三十五歳のとき余命わずかといわれた高田先生は、一九八〇年（昭和五十五年）十二月十一日、八十歳の天寿を全うされました。

その翌年、高田先生の孫娘であるフィリス・レイ・フルモト女史が中心になってレイキ・アライアンスが設立され、高田先生の養成した二十二名のマスターのうち、二十一名が参加しました。

文化人類学者であるバーバラ・ウィーバー・レイ女史は、異なる意見を主張してアライアンスに加わらず、一九八二年にアメリカン・インターナショナル・レイキアソシエーション（米国国際レイキ協会。のちにラディアンス・テクニークと改称）を設立しました。

レイキ・アライアンスとラディアンス・テクニークが、二大団体としてよく知られていますが、このほかにも二大団体の流れを引く著名なレイキの団体が各地に存在しています。

つまり、どのような名称で呼んでいても、海外に伝わった臼井式レイキは、「臼井→林→高田→二十二名のマスター」という流れの中にあり、この流れのレイキを総称して「西洋レイキ（西洋式レイキ）」と呼んでいます。

また二大団体は、品質保証の意味で統一料金を設定し、一定のカリキュラムを厳守していますが、中小団体の中には料金設定やカリキュラムを変更して、二大団体と異なるシステムを提供しているところもあります。これらの変更は二大団体が認めず、「臼井→林→高田→二十二名のマスター」というエネルギーの流れを示す系統図を示すことができないため、単に臼井式レイキ（臼井レイキ）と称することが多く、これらを総称して「フリーラインのレイキ」と呼んでいます。

フリーラインは何の制約も受けないため、自分の価値観で思想や技法を取捨・変更するところが多く、二大団体と遜色のない優れた特長をもつ系統も存在する反面、首をかしげたくなるような怪しげなことを教える系統まで、多様なレベルのレイキが存在しています。日本にも、フリーラインを中心に、各国を経由して多くの系統のレイキが輸入されていますので、学ぶときは事前によく検討することが必要です。

西洋式レイキとして再び日本へ

最初に日本に輸入されたレイキは、ラディアンス・テクニークでした。バーバラ・ウィーバー・レイ女史が、ラディアンスの前身であるアメリカン・インターナショナル・レイキアソシエーションを設立した一九八二年に『ザ・レイキ・ファクター』というタイトルで、世界最初のレイキ解説書を発行しました。

五年後の一九八七年に、ニューヨーク在住の三井三重子さんというラディアンスのティーチャーが、これを日本語に翻訳して『レイキ療法』として自費出版し、精神世界系の雑誌に繰り返し登場するようになりました。

当時は、日本にもニューエージの波が押し寄せて、スピリチュアルなものがブームになり、進化した星からのメッセージを伝えるチャネラーが活躍し、ヨガや気功も普及しつつあった時期で、日本生まれで西洋育ちの上、訓練不要で効果絶大と謳《うた》うレイキ療法は大きな反響を呼びました。

彼女が教えたのは、レベル1（ファースト）の手当て療法と、レベル2（セカンド）の遠隔療法だけで、かなり高額なセミナー料金にもかかわらず、受講できるまでに数ヵ月待ちという盛況ぶりでした。彼女は日本人が忘れていたレイキの名を再認識させ、レイキ実践者を増やすことに貢献しましたが、指導者を養成する資格をもたないため、彼女のほかに日本人マスターは存在せず、幸福への道を伝えることはできませんでした。

彼女の成功を見て、いくつかのセミナー会社が西洋のレイキ指導者を招いてセミナーを行いましたが、ラディアンスとは異なる系統のレイキ療法を伝えただけで、いずれもセミナーが終わると帰国してしまい、ヒーリングの実践や、継続したフォローを行わず、この状況は数年間続きました。

一九九三年（平成五年）一月にドイツ人のフランク・アジャバ・ペッター氏が、当時のチエトナ・小林真美夫人とともに札幌へ移住し、西洋式レイキ（フリーライン）の「入門から指導者養成まで」の全システムを持ち込み、ここにはじめて日本人の西洋式レイキ指導者（マスター、ティーチャー、師範など）が誕生することになりました。

伝統霊気と西洋式レイキの違い

伝統霊気も西洋式レイキも、ルーツは臼井先生ですが、どのような違いがあるのでしょうか。『レイキのエッセンス』では『伝統霊気と西洋式レイキの違い』として次のように解説しています。

《このように臼井霊気療法は、日本からハワイに渡り、アメリカから世界各地に伝わるうちに、少しずつ変化して行きました。日本にも一九八〇年代の後半から、さまざまな考え方やテクニックを持つ西洋式レイキが伝えられました。

伝統霊気療法も、西洋式レイキも、それぞれ優れた特徴をもっています。伝統霊気は、まず「病気の原因であるマイナス波動を見つけ、消滅させる」、次に「マイナス波動と共振しないよう、意識を高めていく」、さらに「宇宙の波動と響き合い、安らかで豊かな人生」をめざします。西洋式レイキには、「現代医学を補う有効な療法として、積極的に医療と関わって行こう」という姿勢があり、心と体の治療に大きな成果を上げています。日本では、複数のレイキのネットワークがＮＰＯ法人として認証され、医療機関とのタイアップも徐々に

進んでいますが、全面的な認知には、まだまだ時間が必要です》

臼井先生のシステムを継承する伝統霊気療法と比較して、西洋式レイキは明らかに異なった発展を遂げています。自由に設計されたフリーラインと比較することは無意味ですが、高田先生の教えを基礎にしている二大団体も、伝統霊気と異質なものを随所にもっています。

伝統霊気のヒーリングは「病腺《びょうせん》を見つける」ところから始まります。心身に不調があれば、病源（原因箇所）にマイナス波動が発生しています。自覚症状がない未病の段階でも、原因があれば必ずマイナス波動が存在し、これを病腺といいます。手のひらで病腺をとらえたとき、感じられるのがヒビキです。原因箇所から響いてくる感覚（ヒビキ）をキャッチしたら、それを感じ続けながら手を当てていると、ヒビキが消えます。これを「ヒビキが抜ける」といい、抜ければヒーリング完了です。大正十一年以来、多くのレイキヒーラーがこのやり方で病気を癒してきました。極めてシンプルで効果絶大ですが、問題は「ヒビキを感じられないと、手を当てる位置がわからない」という点です。

これに対して西洋式レイキは病腺を探さず、「ヒビキがわからなくても、レイキの回路が開かれれば、その日からヒーリングができる」技法です。やり方は、第一章で紹介した「基本12ポジション」を活用して、「どのような病気や症状にも、決められたポジションに、決められた時間、決められた順序で手を当てる」という簡便さですが、効果が弱いということはありません。このやり方を続けているうち、自然に手の感覚が鋭敏になり、ヒビキがわかるようになります。その段階で、ヒビキ中心のヒーリングをするか、基本12ポジションを活用し続けるかを選択すればよいのです。

何といっても西洋式レイキの強みは、レイキの効果に関する医学的検証が積み重ねられ、現代医療の現場で活用されているという実績です。一定条件のもとに健康保険が適用される国があるということも、伝統霊気では考えられない事実です。

一方、臼井霊気療法が創始されたのは、「多くの人に安心立命の境地を伝えよう」という理念からでした。伝統霊気からこの理念が消滅しない限り、私たちの精神性向上に役立つ生涯学習のシステムとして、今後も生き続けていくことでしょう。

レイキにまつわる誤伝

ひと口に誤伝といっても、「誤解して伝えたもの」「真実でないと知りながら伝えたもの」の二種類があります。誤解であれば、真実が判明した時点で修正すれば簡単ですが、伝えた人が権威者であったり、信じている門下生たちが修正を拒んだりすれば、意外に面倒です。誤解でない場合は、「真実が不明な点を想像で補ったもの」「何らかの意図をもってつくり上げたもの」などがあります。私は想像で補った創作を神話と呼んでおり、「不明な間は夢のある神話で飾り、真実が判明したときに修正すればよい」といっていますが、十年間にわたる海外での講演活動から、刷り込みを修正することの困難さを実感しています。

特に「何らかの意図をもってつくり上げたもの」の修正は、容易ではありません。西洋式レイキにも、このようなものが数多く存在しますが、そこには「戦争で悪化した対日感情の中でレイキ療法を普及するため」と、「正統な継承権を主張したい」という意図が読み取れます。

誤伝をあげると膨大なものになりますので、ここではよく知られている十項目だけを取り上げ、簡単な解説にとどめます。

●レイキの起源は古代チベット↓不思議なエネルギーの存在は各地で知られていた
●臼井先生は十九世紀に活躍した↓十九世紀に生まれたが、二十世紀前半の四年間活動
●京都の大学教授だった↓職を多数経験したが教職関係はなく、博士でもなかった
●キリスト教の聖職者だった↓宗教の布教経験はあるが、キリスト教ではなかった

●癒しを長年研究したことはなく、断食中偶然与えられた力だと明言
●断食中にシンボルを見た↓シンボルは途中から導入されたもので、完全な神話
●シンボルはサンスクリットから発見した↓二千五百年前の文献からという神話
●京都で七年間治療した↓安心立命到達の翌月上京、四年後に死去で物理的に無理
●体だけの癒しを反省し五戒を定めた↓教義五戒を定めてから学会を設立した
●林先生が臼井先生の二代目を継いだ↓林先生は独立して学会を離れた

レイキにまつわる珍説

珍説と誤伝とは紙一重ですが、珍説をもとに多くの生徒を集めている海外のレイキスクールもあり、珍説といって笑っていられないのが実情です。

●臼井先生から神秘伝を受け、学会師範であった女性（百歳を越えた奈良の尼僧）から習ったという系統があり、欧米で多くの信奉者があります。同じ主張をしている二つのグループは相手を認めておらず、それぞれ「まり子おばあさん」「テンオンイン」と呼んでいます。日本では、百歳を越えている奈良の尼僧をチェックするのは簡単なので、調べてみましたが、そのような尼さんは存在しません。メールのやり取りをしているうちに、尼僧は亡くな

ったといわれてしまいました。

●ある系統の主宰マスターが、「日本に臼井神社があり、天皇も参拝している」と主張しています。私たちも参拝したいので場所を知りたいというと「M先生が案内してくれたが、東京駅から目隠しをしてタクシーに乗せられたので、正確な場所はわからない」といいます。この程度の主張でも、かなり多くの生徒を集めています。

●同じマスターが、「臼井先生は、柔道の嘉納治五郎《かのうじごろう》と親友で、レイキ療法の資格制度も、柔道と同じ段級制度を取り入れている」と主張し、自分を八段としています。

●「旧海軍で、レイキを使って、敵の飛行機を撃墜していた」というナンセンスな主張が、あるレイキの本に載っていました。愛と調和のレイキ活用法でなく、まるで陰陽道《おんみようどう》の世界です。その本には、日本から軍事色を一掃しようとしたGHQ（連合国最高司令官総司令部）が、旧海軍と関係の深い霊気療法を封印した可能性もあると書いてありましたが、これは事実無根の話です。学会には何の圧力もなく、戦犯指定の可能性を感じて会長職から身を引いていた和波海軍中将も、何の問題もなく会長職に復帰しています。

●臼井先生が「安心立命の境地を求めて、禅の道に入った」と伝えられていますが、外国ではこれを「臼井先生は禅僧になった」と解釈して、伝えているところがあります。臼井先生は浄土宗ですが、日本では昔から宗派に関係なく、禅寺で修行することはよくあったことです。しかし、臼井先生の修行が完成したあと、虫歯の娘に手を当てて治したとき「あなたは普通の坊さんではありませんね」と言われたといいます。

●「日本留学中に、臼井霊気療法学会から師範を与えられた」「小山会長から励まされた」という触れ込みで、伝統霊気療法と称するものを広めはじめた人がいました。それに飛びついた人たちもいましたが、いつの間にか姿を消してしまいました。

●日本のホームページで発見したものですが、次のような面白い主張をしていました。「イギリスから帰国した海軍士官が、生活に困っていた臼井氏に『これで食えるだろう』と手当て療法を教えました。臼井氏は習った手当て療法に、いろいろ味つけをして臼井霊気療法をつくり上げました」

●これも日本のホームページですが、「臼井先生は、古神道系の霊学者である松本道別氏の思想、技術を元に、乗鞍岳で二十一日間の断食修行を行い、レイキを編み出しました。乗鞍岳での修行の後、臼井氏は患部に手を触れるだけで治してしまう能力を持つことになります」と記載しています。桃太郎の話や、浦島太郎の話は各地にあると聞きますが、臼井先生の修行の地が鞍馬山でなく乗鞍岳というのは、珍説の最たるものといえるでしょう。

一般的なレイキの特徴

レイキ関係の書籍やホームページなどをみると、「レイキの特徴」が列挙されています。中には大同小異の表現もありますが、おおむね次の五項目に集約できます。

1　修行不要で、能力は一生有効
2　使い方は簡単で、悪影響なし
3　効果絶大で、活用法は無限
4　エネルギーの高度活用が可能
5　自己向上、自己実現に有効

これらは、薬でいえば効能書きに当たると思われますが、誤解を招きやすい表現も含まれており、効果を知るとともに、使用上の注意点も理解する必要があります。

1　修行不要で、能力は一生有効

これは「レイキはアチューンメントからスタートする」「得られた能力は一生失われない」というもので、次のような説明が含まれています。

●アチューンメントを受ければ、その日から誰でもヒーリングができる
●使わなくても永久にパワーが消えない、極端に能力が落ちない
●トレーニングや修行・訓練など一切不要

「誰でも、その日からヒーリングができる」というのは、レイキ法の特徴です。アチューンメント（波長合わせ）によって、レイキを受信して自他へのヒーリングができるように設定します。これは専門家であるマスターの仕事ですが、レイキを有効に活用するのはアチューンメントを受けた人自身です。たとえば、パソコンの設定は専門家がしてくれますが、それを使いこなせるようになるには、自分なりのトレーニングが必要になるのと同じです。

2 使い方は簡単で、悪影響なし

これは「レイキ法は、簡単で安全なヒーリングである」ことを説明しています。

●ヒーリング中に、意識集中や努力は不要
●気を入れたり、抜いたりする必要がない（自動調整）
●邪気を送ったり、受けたりしない
●いくらヒーリングをしても、疲れない

レイキヒーリングは、レイキと響き合い、レイキにすべてを任せて行うもので、念（意識）を使ったり、イメージを使ったりしません。このルールを守るかぎり、ヒーリングはシンプルで安全です。このシンプルさにあき足らず、自分の判断でエネルギーを強めたり、気を入れたり抜いたりし始めると、レイキの流れが止まり、自分のエネルギーによるヒーリングが始まります。以後は、すべてのコントロールを自分で行わなければなりません。こうなると「必要なときに必要なことが起こる」「両者が同時に癒される」という、レイキヒーリングから離れることになります。

3　効果絶大で、活用法は無限

これは「レイキは無尽蔵であり、無条件で活用できる」ことを説明しています。

●流せば流すほど、エネルギーにあふれてくる
●信じなくても、必要なエネルギーが流れる
●効果例、実践例が豊富である

レイキの回路は、ヒーリングの実践によってどんどんクリアになっていき、これを「レイキのパイプを育てる」といいます。個人のエネルギーと違い、レイキは無限に存在するの

で、使っても不足することはなく、大宇宙からの愛のエネルギーなので、信じない者には与えないということもありません。しかし、人は選択の自由を持っており、拒否する人に送っても受け取りません。ヒーリングは、希望しない人にはしないのが原則です。効果例、実践例が豊富というのは確かですが、当事者にとって真実であっても、客観的な検証が不十分な事例が多数です。今後具体的な効果例や実践例について、科学的な検証を積み重ねる必要があるでしょう。

4　エネルギーの高度活用が可能

これは「レイキは遠隔ヒーリングもでき、他の技法との併用効果も期待できる」ことを説明しています。

●シンボル活用で時空を超えたヒーリングができる
●他の技法（気功・瞑想《めいそう》・ヒーリングなど）と併用できる

レイキには、シンボルという初心者用の有効なツールがあり、エネルギー強化や、時空を超えたヒーリングが簡単にできるようになります。シンボルは効果的ですが、成長にともなって不要になってきます。またレイキは、医薬の効果を高め、他の技法との併用で相乗効果を高めます。ただし、意識を使ってコントロールする技法とは併用できません。意識を使い始めると、即効性や目に見える効果を追い求めるようになり、レイキにすべてを任せるという方向性を見失うことになります。

5　自己向上、自己実現に有効

これは「レイキの究極の活用法」について説明しています。

●カルマ（業）やトラウマを消滅させる
●その人の、素晴らしい本質を開花させる
●願望達成や、能力開発に役立つ
●人生の質を向上させる

レイキの真の活用法は、日常生活を通じてレイキと響き合い、人としての真の幸福である「安らかで、豊かで、喜びに満ちた人生」を完成させることで、これが安心立命（心の平安）の境地と呼ばれるものです。レイキと縁を得た方たちは、効果的なヒーリングの実践とともに、真の幸福をめざして自己研鑽《けんさん》を深めていただきたいと思います。

第三章　レイキをもっと使いたい

―レイキを本格的に学び、活用する―

レイキのセミナーでは何を学ぶか

この章では、レイキを本格的に学び、実践するために、セミナーをどのように活用することができるかについて、みていくことにしましょう。

第一章では、誰でもレイキは使えると説明し、簡単で効果的なヒーリングの手順を紹介しました。これで、自分や身近な人への基本的なヒーリングはできるようになります。

ではセミナーは必要ないのか、必要だとすれば何のためなのかという疑問には、「ヒーリングの仕組みを理解し、レイキを活用して健康になり、さらに精神性向上をはかるという〈健康と幸福の道〉を学ぶのだ」と説明しました。

レイキというものが、ハンドヒーリング（手当て療法）だけで終わるのであれば、ことは簡単です。手から出るエネルギーを活用することは誰にでもできるのですから、ネットで宣伝している遠隔アチューンメントや通信伝授でも、それが正当なものであれば、それなりに役立つでしょうし、もっといえば「どこで学んだのか、何を伝達するのか、正体不明のエネルギー」に、料金を払って遠隔アチューンメントなど受けなくても、自然に備わった能力を活用すればよいからです。

しかし、レイキはそのような単純なものではなく、手当て療法は学びの入り口に過ぎません。すでに説明したように、目的地は「レイキを活用して精神性を高め、価値ある人生を構築する」ことです。

それは創始者の臼井甕男《うすいみかお》先生が、病気の治療法として完成させたものではなく、安心立命《あんしんりつめい》の境地が達成されたとき、気づきとともに与えられた能力であったからです。これを「生涯学習として実践し、向上し続けられるように、基本を身につけること」が、セミナーが必要な真の理由なのです。

ただし、レイキの系統によっては、どこに重点をおいて伝えるかに差がありますので、学ぶ前によく検討して、自分で納得できるものを選ぶのが賢明です。

新しく何かを始める場合はほとんどがそうであるように、最初から楽しくて仕方がないということはむしろ少なく、気軽に活用できるようになるまでには、いろいろと苦労がつきものです。その段階では、困ったとき相談にのってくれる人が近くにいれば、とても心強いものです。

本書によってヒーリングのやり方を理解し、解説にしたがって淡々と実行していれば、実践が進むにつれて徐々に効果が感じられてきます。そのとき、一緒に実践する人がいれば励みになりますが、それでもヒーリングの楽しさを実感できるまでには、ある程度の時間と努力が必要です。ひとりで実践する場合はなおさらで、ときには今のやり方でよいのかと、迷ってしまうこともあるでしょう。

これは独習のときだけでなく、セミナーを受講した場合でも同じことが言えます。交流会に参加した人たちが、「セミナーを受けたものの、一緒に実践する仲間がいなかったこと、エネルギーを感じる力がなかったこと、指導者がフォローしてくれなかったことなどで、使わないままで終わってしまいました」と話すのを聞いていると、せっかくレイキの縁に触れながら、宝の持ち腐れに終わっているケースが多いことを実感します。

セミナーを受けることの利点は、学ぶ内容にあることは当然ですが、それ以外にも「必要に応じてフォローが受けられること」「認識を共有する仲間との交流が可能になること」などがあります。この利点を生かすには、フォローを大切にする、いわゆる面倒見のよいスクールを選ぶことが大切です。

レイキのスクールを選ぶ基準

スクール（セミナーを行う個人マスターも含みます）は、どこを選ばなければいけない、あるいはどこを選んではいけないということはありません。誰がどう言おうと、すべては学ぶ人の選択です。ただし、レイキを正しく学びたい場合は、自ずと選択の基準が生じます。

セミナー案内書やホームページなどで確認することも有効ですが、そこで学んだ人から感想を聞いたり、スクールに直接質問したりして、自分で判断することも大切です。一番重要なのは、そのスクールが何を伝えようとしているのかを知り、それが自分の学びたいものと合致しているかを確かめることです。

判断の参考までに書いておきますと、私は「好ましくないスクール」として、次のようなイメージをもっています（これは、レイキを正しく学ぶという観点からなので、それに興味があるという場合は、この限りではありません）。

●遠隔伝授をするとうたっているスクール
●他より何倍もパワーがあると宣伝するスクール
●アチューンメントやシンボル（セミナーを受講して伝授される）を一般公開するスクール
●門外不出、一子相伝、秘伝、奇跡、神秘などの言葉を乱用するスクール
●病気が治る、治す、治したというスクール
●セミナー後のフォローをしないスクール

●どのようにフォローするのか明確でないスクール
●どこで学んだのか、何を伝えるのか明示しないスクール
●セミナー料金が非常識なスクール
●最初に全ステップのセミナー料を前納させるスクール
●納得できないシステムを取り入れているスクール
などなどですが、これらのほとんどは常識的な判断をすれば、おかしいなと感じられることばかりです。

たとえば、納得できないシステムの一例として、「他のセミナーと組み合わせて受講する」「高額な物品を購入する」「受講者を紹介する」などを義務づけているスクールがあります。また、そこで何年学んでも、独立させないスクールも存在します。

セミナー料金については、複数のスクールから案内書を入手すれば比較できますし、ホームページを検索して常識的な水準を把握することも可能です。また、独自の考え方を取り入れて、多くの段階制度を採用しているために高額になっているスクールもあります。

いずれにせよ、それらの内容を熟知した上で、純粋に本人の意思で選択するのであれば問題は生じないでしょう。

レイキの入り口は健康になること

何を学ぶにも「どこからスタートして、どこへ行くのか、どのように進むのか」を知ることが大切です。

レイキには「五戒」という教えがあり、この中にレイキ法の入り口（出発地点）と、目的地（到達点）、さらに目的地へ確実に近づくための心得（ノウハウ）が書かれています。その意味から、五戒は「幸福への道を示す地図」ということができます。

最初に「招福の秘法」「万病《まんびょう》の霊薬」という二つのタイトルにより、到達点と出発点が明確にされています。

「招福の秘法」は、幸福になる方法で、「人としての幸福が、レイキ法の最終目的である」というのです。

「万病の霊薬」は、健康になる方法で、「まず自分自身を整えることが、レイキ法の入り口である」といいます。

さらに「今日だけは」で始まる五戒の内容は、目的地に向かってどのように進めばよいかを示しています。つまり「臼井レイキは、レイキを活用して幸福になることを目標とし、健

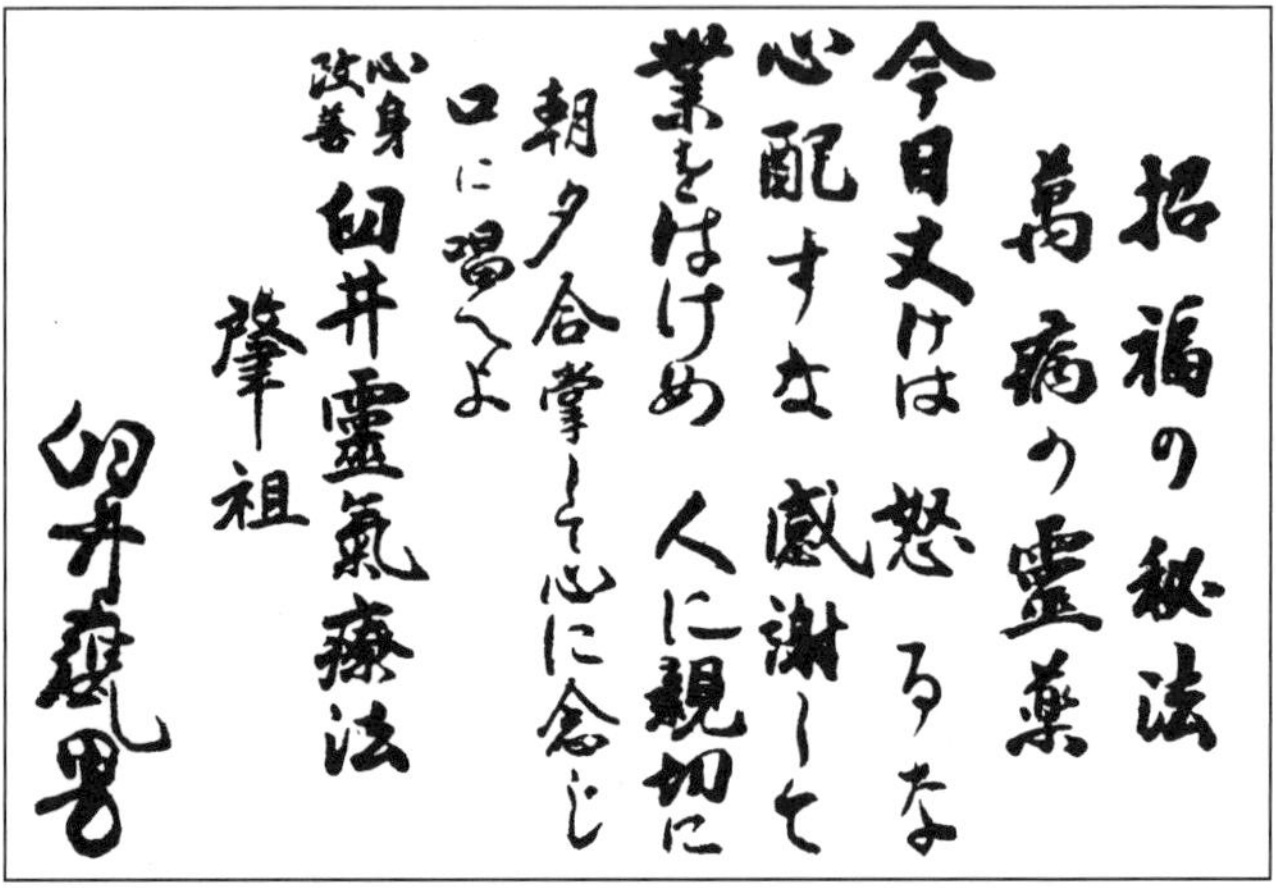

招福の秘法
萬病の霊薬
今日丈けは 怒るな
心配すな 感謝して
業をはげめ 人に親切に

口に唱へよ
心身改善 臼井霊氣療法
肇祖
臼井甕男

康になるための手当て療法からスタートする。そして健康で幸福な人生を実現する方法は、今日一日をこのように生きることである」と教えているのです。

五戒の言葉は平易ですが、実行することの困難さは容易に予想できます。誰でも、怒りや恐れから離れたいと願っていますが、それが難しいのは、潜在意識の深いところから湧きあがってくる感情だからです。「朝夕合掌して心に念じ口に唱えよ」というのは、これを潜在意識にきちんと刻み込み、不調和な感情を自然な形で手放していこうというノウハウです。

レイキの目的は幸福になること

「人は本来、健康に幸福に創られている。健全な状態を取り戻すには、体内レイキと宇宙レイキとの響き合いができればよい。手当て療法による癒しの力は、明らかに両者の共鳴によって起こっている。安心立命の境地も、両者の究極の共鳴状態にほかならない。誰でもできる手当て療法を入り口として、安心立命への道を伝えていこう」というのが、レイキの原点でした。

この視点からみれば、レイキ法とは「健康で幸福な人生を実現するために、レイキという宇宙エネルギーと響き合う技法」ということになります。

そして五戒は、「健康と幸福への道」を迷いなく進むための道標であり、「小宇宙である私たちが、大宇宙と響き合う処方箋《しょほうせん》」なのです。したがって、レイキ法というのは、最初から最後まで「レイキと響き合うための実践法」だと理解することができます。

それを証明するように、健康への道も幸福への道も、五戒には同じノウハウが示されています。健康も幸福も、レイキと響き合うことによって達成されるものなので、これを私たちは「健康と幸福への道」と表現しています。

何度も言うようですが、臼井先生の気づきによれば、人として真の幸福は安心立命（心の平安）を得ることにあります。そのためには、五戒にしたがって今日一日を大切に生きること。ストレスに満ちた日常の中で、不調和な波動との共鳴を避け、レイキの高い波動と響き合いながら、自己の役割を淡々と果たしていくことが大事です。

五戒は「このように生きなさい」という教えでもありますが、「レイキと響き合うことにより、自然にこのように生きられますよ」という教えでもあります。そして、「不調和な思いが出たときは、レイキとの響き合いが薄れているときなので、心を安らかにして、レイキとの響き合いを取り戻しなさい」と教えてくれています。

これからレイキを深めていこうとする人は、ヒーリングから精神性向上にいたるすべての実践が、「レイキと響き合い、共鳴度を高めていくことにある」と認識することが有効だと思われます。

人は本来健康である

レイキ法が「健康への道」から始まることは理解できました。では、健康とは何を指すのでしょうか。病気でないことでしょうか。仮に「病気であれば健康でない」として、では「病気でなければ健康である」といえるのでしょうか。

「何をもって健康とするか」という健康の定義は、古くから議論されてきました。そして、紀元前四世紀のプラトンの時代から、心（精神）と体（肉体）が相互に影響し合っていることが知られ、健康を保つには心と体のバランスが必要だといわれていました。

この段階では、健康はその人自身の問題であり、社会との関わりという視点はありませんでしたが、近年になってWHO（世界保健機関）が「健康とは、単に病気や虚弱でないというだけでなく、なにごとにも前向きで取り組めるような肉体と精神、そして社会的にも適応できるような良好な状態」と定義しました。

また、日本ホリスティック医学協会では、「健康や癒しは、身体、精神、霊性を含めた人間全体性の問題であり、社会、自然、宇宙と調和された状態が健康である」とし、「生命がもっている自然治癒力を癒しの原点におき増強する」「患者が自ら癒し、治療者はあくまでも補助者である」「病気、障害、老い、死の深い意味に気づき、自己実現をめざす」といいます。

古代ギリシャの医師で、医聖・医学の父と呼ばれているヒポクラテスは「人間には自然良能があり、病者は自らのうちに病を癒し健康を取り戻す力をもっている」といっています。

これらの表現を総合すると、人はもともと健康であるのが本来の姿であり、健康とは自分の内側（身体、精神、霊性）のバランスがとれていて、外に向かっては自分と関わりのあるすべて（人間関係や環境、大自然など）と調和していること。何かの原因で不調和な状態になったとしても、自ら回復する力を与えられていること。したがって、癒す（健康を取り戻す）のは自分自身であり、治療者はそれを援助するに過ぎない、ということです。

また「病気、障害、老い、死」についても、人生において避けられない苦しみととらえるのでなく、そこから深い気づきを得て、自己実現（人として生まれた目的を実現すること）に結びつけることができるといっているのです。

以上のような理解から健康と病気、癒しの関係を読み取れば、「レイキヒーラーは何をすべきか」というヒーリングの本質も、自ずと明らかになります。

ヒーリングの本質は、病気を治すことのみではありません。もちろん病気を治すことを目的としたヒーリングやセラピーも存在し、それなりの意味をもっています。しかし、レイキヒーリングは病気治しを目的とせず、病気という現象の奥にある根本原因に働きかけていきます（これを臼井先生は「底から治す」と表現しておられます）。

病気になるのは、多くの場合、その人の生き方によって無意識のうちに緊張やストレスが発生し、レイキとの響き合いが希薄になっているからだと考え、レイキを送り込むことによってリラックスをもたらし、緊張やストレスから解放して自己治癒力を呼び覚ましていけば、よい方向に向かうと考えます。

本人が癒しの力をもっているのですから、ヒーリングはヒーラーが押しつけるものではなく、結果はレイキの力と、ヒーリー（ヒーリングを受ける人）の内なる知性に委《ゆだ》ねて、ヒーラーはエネルギーの通路になるだけでよいのです。これについては第一章でもふれましたが、大切なことなので整理しておきましょう。

レイキヒーリングの特性

レイキヒーリングの特性の第一は、「結果をコントロールしようとしない」ことです。コントロールとは、病気を治すこと、痛みを軽くすることを目的にすることです。この場合、コントロールの対象は、表面化している病気や症状になりますが、認識できるものがすべてではないため、不完全なヒーリングになってしまいます。レイキヒーリングは「レイキとの響き合いによって、必要な気づきが起こり、あるべき完全な姿に戻る」のが目的なのです。

特性の第二は、「必要なとき、必要なことが起こる」ということです。たとえば、仕事熱心で肉体的に無理を続けている人がいるとしましょう。周囲が注意しても耳を貸しません。このまま無理を続ければ、いずれ限界がくることは誰の目にも明らかです。この場合、体には知性がありますので、痛みを起こしたり、運動障害を起こしたりして、強制的に休ませることがあります。それをヒーラーが治してしまうと、本人はまた無理をし始めます。これでは、本人がダウンするのをヒーラーが早めたことになってしまいます。治すことが大事なのではなく、気づきが起きるようにすることが大切なのです。レイキの力に任せておけばよいのです。

特性の第三は、「ヒーラーとヒーリーが、同時に癒される」ことです。ヒーラーの役割は、レイキとの響き合いが薄れているヒーリーにレイキを中継し、ヒーリーのもつ自己治癒力を強化することですが、レイキの力は中継者となるヒーラーにも恩恵をもたらします。ヒーリングを実践しているうちに健康が増進し、精神的に向上して調和的になり、現実が好ましい方向に動き始めることは、多くのヒーラーが体験しています。レイキが「宇宙からの愛と調和と癒しのエネルギー」といわれるゆえんです。

ヒーリングに伴う危険を避ける

ヒーリングは、手を当てるか、かざすだけなのに、どのような危険があるのかと思われることでしょう。

「病気を治してやろうと、不用意に手を当てると危険である」と、第一章で江口俊博氏の言葉を紹介しました。彼は「カルマを受けることを覚悟せよ」といっていますが、カルマは本人の生き方の歪《ゆが》みで生じるものなので、他の人に転嫁《てんか》することはできません。しかし、他人の心身に影響を与えるヒーリングには、間違ったやり方をすると、危険が伴うことも事実です。

危険の一つは、ヒーリーが不利益をこうむることです。良識をもって正しく対処すれば問題は起こらないことですが、「ヒーラーの不適切な言動から、重大な病気の予兆を見すごし、医療機関での受診機会を失わせるケース」「治療効果を出そうとして強い力を加え、筋肉や内臓などを損傷するケース」なども報告されています。

また、ヒーラーが好転反応の説明をしなかったために、ヒーリングによって悪い症状が出たと勘違いして医師の診療を受けたり、中には霊能者に悪いエネルギーを抜いてもらったというナンセンスな例もあります。さらに、ヒーラーの認識不足から、医師法や薬事法、あはき法（あん摩マッサージ指圧師、はり師、きゅう師等に関する法律）に違反する行為におよぶ例もあります。

もう一つは、ヒーラー自身の不利益につながる場合です。それは「ヒーリングをすると、ひどく疲れる」「ヒーリーから良くないエネルギーをもらう」「ヒーリーに波動を引き下げられる」という現象です。

レイキヒーリングは「ヒーラーとヒーリーがともに癒される」ものなので、このような現象が起こるとすれば、正しいヒーリングをしていないことになります。

「ヒーリングで疲れる」のは、ほとんどの場合、自分のエネルギーを使っているということです。不自然な姿勢で、長時間のヒーリングをすると疲れますが、これは論外です。

「良くないエネルギーをもらう」というのは、ヒーリーから流れてきたネガティブな（怒りや恐れなどの感情が生み出した）エネルギーが、自分の体内に留まり続けて苦痛を感じるということです。ヒーリングは、両者のエネルギー交流によって行われますので、浄化の過程でネガティブエネルギーが流れてきます。そのとき、エネルギーに敏感な人ほど痛みや不快感を覚え、無意識の緊張が生まれます。その緊張がエネルギーの流れを止め、ヒーリングが終わった後もネガティブなものを抱え込んでしまうのです。これは、ヒーラーの側だけでなく、ヒーリーにも同じことが起こります。

「ヒーリーに波動を引き下げられる」というのは、波動の同調という現象です。波動の共鳴はよく知られていますが、たとえば四百四十ヘルツ（一秒間に四百四十回振動）の音叉《おんさ》を叩くと、別の場所にある同じ周波数の音叉が共鳴して鳴り始めます。四百四十ヘルツという固有の波動が、同じ波長をもつ音叉にエネルギーを伝えるのです。一方、波動の同調は、同じ場の中にある、周波数の異なるものを同じ波長に揃えようとします。ヒーリングのときは同じ場を共有しますから、互いに相手の波動を自分の波長と同じレベルに引き寄せようとします。自分のエネルギーでヒーリングをしている場合、ヒーリーが強力な怒りのエネルギーなどをもっていると、ヒーラーの波動が引き下げられる可能性もあるわけです。引き下げられると、ヒーリーの怒りの波動と共鳴し始めます。世の中には、怒りのエネルギーをもった人は多数いますので、それらの人たちとも共鳴してしまいます。

本格的にヒーラーとして活動しようとする人は、自分やヒーリーの安全を確保するため、セミナーでその意味や対処法を理解することが重要です。

ヒーリングの10の注意事項

本書でヒーリングを実践される場合も、これらの危険と無縁ではありませんので、次のような注意事項を厳守してください。

①ヒーリングは、レイキを信じない人にも有効です。人は、効果を実感してから信じるのが普通なので、最初は信じなくてもかまいませんが、強く否定する人は避けたほうが無難で

す。人は拒否する自由ももっています。ヒーリングは押しつけるものではなく、その人のサポートであることを思い出してください。

②エネルギーに敏感だと思われるヒーリーには、最初に好転反応について、簡単に説明しておきましょう。説明の必要はないと感じられたヒーリーには、念のため、何かの変化があれば相談するように伝えましょう。

③淡々とした態度で、普通に行いましょう。祈りの姿勢をとったり、何かを唱えたり、宗教的な表現をしたりすると、誤解を招きやすいので気をつけましょう。

④ヒーリングの際は、手を当てるか、かざすだけで、押したり叩いたり、揉《も》んだりしないようにしましょう。

⑤ヒーリーに直接触れるときは、了解を得てから触れましょう。手を当てる部位に気をつけ、ヒーリーが異性の場合は、特に慎重な注意が必要です。

⑥現代医学（西洋医学）を否定したり、批判するような言動は慎みましょう。現代医学は、検査技術、救急医療、細菌性疾患、臓器移植など、優れたシステムをもっています。レイキは、病気の八〇パーセント以上を占めるストレス性の疾患に有効です。私たちは、現代医学を尊重しながら、レイキで免疫力や自己治癒力を高めていくという立場をとっています。

⑦ヒーリング中にどのような感覚があっても、それをただ感じるだけにしましょう。手を当てているとさまざまな変化が起こり、何かの体験をすることがあります。その意味を追求したくなりますが、新幹線の窓から外の景色を楽しむ心が大切です。私たちは、レイキによる変化の過程を追求する必要はありません。その変化を通じて、目的地に向かって進んでいることだけを感じ取ってください。ヒーリーが体験することもありますので、質問があれば同じように説明してください。

⑧結果をコントロールしようとせず、念を使ったヒーリングをしないこと。これは何度も説明しているところですが、レイキヒーリングの基本であることを認識してください。

⑨レイキの力とヒーリーの生命力を信頼して、レイキの流れるパイプに徹しましょう。パイプは、消防ポンプのホースと同じです。ホース自身が、これでよいのかと不安を持ったり、エネルギーの流れを強めようとか、早く火を消したいとか、考えることはありません。すべて消防士のコントロールに任せることが大切です。

⑩第一章を読み返し、説明した手順にしたがって実行してください。手順の中に、危険を避けるノウハウが凝縮されています。

病気は内なる知性からの呼びかけ

ヒーラーとヒーリーの双方にとって安全なヒーリングは大切ですが、「安全だが効果がない」というのでは意味がありません。それでは何もしないのと同じです。

問題は、何をもって効果的と考えるのかということです。病気を軽くすること、症状を緩和し苦痛を消すこと、もちろんそれは大きな効果です。しかし、それだけで終わってしまったのでは、病気になった意味がありません。

病気は、想像以上に大きな意味をもっています。それまで順風満帆だった人生が、病気によって一瞬のうちに崩壊することもあります。長年の努力が報いられ、大きな成功を目前にしながら、病に倒れることもあります。重要な商談を、一方的にキャンセルすることは許されませんが、どのように大切な用件であれ、病に倒れた人を責めることはありません。それほど人生における病気の意味は大きいといえます。

それは足の痛み、首の痛みなど、生活に支障のない程度のものであっても、本質は変わりません。それらのほとんどは内なる知性からの呼びかけであり、「今の生き方を見つめ直しなさい」というメッセージなのです。このような意味に気づかず、痛みがとれた段階で安心して今まで通りの生活を続けたのでは、メッセージが何の役にも立たなかった（病気になった意味がなかった）ことになります。

効果的なヒーリングとは、内なる知性からのメッセージを生かすことにあります。そのために、レイキヒーリングはヒーラーが何の思いも加えず、ただレイキエネルギーの通路になって、「宇宙からの愛と調和と癒しの波動を中継し続ける」というシステムが取り入れられています。

めざすのは健康と幸福

レイキ法は「健康と幸福の道」として「レイキとの響き合いを高めていくこと」でした。入り口であるヒーリングは「意識的にレイキと響き合う」トレーニングであり、安心立命は「自然にレイキと響き合っている状態」です。したがって、ヒーリングの実践は精神性の向上と切り離されたものではなく、ヒーリングそのものが自己向上に役立つものでなくてはなりません。

レイキ法のカリキュラムは、「常にレイキと響き合い、共鳴度を高めて、学びの完成をめざす」ことが重要なので、私たちは「レイキと自然に響き合う」ことを目標に、次の四項目を原点として構成しています。

●「心身の癒し」と「精神性向上」が最重点《人生を豊かに生きるための技法》
●独断・偏見・秘密性を避け、怪しさを排除《秘密・神秘・奇跡などを謳《うた》わない》
●レイキの特性を生かす、効果的な技法の採用《目的と、実行ポイントを明確化》
●技法をシンプル化・標準化し、気軽に活用《日常生活での活用を第一にする》

つまり「健康と幸福をめざす、怪しくない、おかしくない、難しくないレイキ」として実践できるようにシステム化したわけです。

マスターは目的地をめざす案内人

セミナーで学ぶ内容は、レイキの系統やスクールによって差がありますが、自由度の大きいフリーラインにおいてとくに顕著です。テキストも、きちんと整備されているところから、中にはA4判のコピーが数枚だけというスクールもあります。

参考までに、私たち現代レイキ（現代霊気法）で使用しているテキストの内容を、項目だけ紹介しておきましょう。

セミナーでは、いきなり手当て療法を学ぶのではなく「臼井レイキの全体地図」を認識するところから始まります。

富士の頂上が目的地（安心立命の境地）とすれば、裾野がスタート地点（手当て療法）であり、スタートから五合目までは「健康への道」が続きます。そして五合目に着くと、そこから「幸福への道」が始まります。それを理解した上で「私は健康への道を実践し続けたい」と選択する人がいても、問題ありません。その人は、将来必要になったときは、いつでも幸福への道を歩むことができるからです。

レイキマスターは、多くの人に富士山頂（目的地）を示す案内人として、重要な役割を担っています。富士以外の山を目的地と教えれば、明らかに誤りであり、五合目を目的地と教えれば認識不足です。レイキを学んだ人は、確信をもって富士山頂をめざしていただきたいと思います。

レイキセミナーの内容紹介

特別なカリキュラムを取り入れている系統を除き、一般的なレイキセミナーでは四段階制のスクールがほとんどで、現代レイキもレベル1～4の四段階制を採用しています。

●レベル1（系統により第一段階、ファーストディグリー、レイキ1、初伝など）

レイキの回路を開いて、手当て療法の能力を獲得する段階です。回路が開かれたあとは、自分や身近な人への手当て療法を実践します。

●レベル２（第二段階、セカンドディグリー、レイキ２、奥伝など）

手当て療法の能力を向上させるとともに、遠隔ヒーリングが可能になる段階です。三つのシンボルを活用し、ヒーリングを通じて多くの人に奉仕します。

●レベル３（第三段階、サードディグリー、レイキ３、神秘伝など）

ヒーリングを継続しながら、自己向上（精神性向上）を重点的に学んで実践します。

生涯学習としての学びは「レベル１〜３で基本事項を習得」し、あとは交流会や実践会、フォローセミナーなどに繰り返し参加して、自己向上の実践を深めていきます。

通常はこの段階で十分ですが、「レイキの指導者として活動したい」「学びたい人にレイキの素晴らしさを伝えていきたい」と選択した人が第四段階を受講して、指導者（レイキマスター、レイキティーチャー、師範など）の資格を取得します。中には、レイキのセミナーなどを行う予定はないが、自分の学びとして取得する人もあり、これも受講者の選択です。

各レベルは、このような思想のもとに、次のカリキュラムで構成されています。紙数の関係で詳細は省きますが、スクールを選ぶ場合の参考に、学ぶ項目だけを紹介しておきます。

〈レベル1〉

・レイキ法を学ぶにあたって（レベル1のガイド）
・レイキ法の理解（目的と全体構成、特徴と魅力、基本認識など）
・レイキ法の歴史（創始者臼井先生、発祥と継承、国内外への普及）
・エネルギー伝授（アチューンメント）
・ヒーリングの基本（予備知識、手の使い方、施療方法、オーラ浄化法、基本12ポジション、セルフヒーリング、他者ヒーリング、物と場所の浄化、動植物へのヒーリングなど）
・伝統霊気の各種技法（伝統霊気の概要、集団霊気、連続霊気、霊気回し、念達法）
・自己浄化と自己成長の技法（乾浴《けんよく》法、光の呼吸法、合掌呼吸法、レイキシャワー、チャクラ活性呼吸法）
・レベル1修了後の実践法

〈レベル２〉

・レイキをパワフルに、より多彩に（レベル２のガイド）
・レベル２の目的と概要（シンボル活用で愛の実践）
・シンボルとコトダマの理解（波動共鳴と波動変換、固有波動と意識波動、集団意識）
・三つのシンボルの意味と使い方（パワー、調和、超越、進化のステップ）
・時空超越のヒーリング（遠隔ヒーリング、過去と未来へのヒーリング）
・海外の代表的技法（レイキボックス法、ディプログラミング法、グラウンディング法）
・伝統霊気の各種技法（病腺《びょうせん》と霊示、丹田治療法、呼気と凝視、へそ治療法、性癖治療法）
・自己浄化と自己成長の技法（発霊法、自己浄化ヒーリング、細胞活性化技法）
・レベル２修了後の実践法

〈レベル３〉

・レイキで意識を高め、自己実現を（レベル３のガイド）
・レベル３の目的と概要（ヒーリングからアセンションへ）
・レイキヒーリングの再認識（三つの本質の理解）

・最高シンボルを学ぶ（シンボルの役割と真実、意味と使い方、現代レイキでの活用）
・最高シンボルを活用（レイキを日常生活に生かす、光による自己浄化法、ハイヤーセルフの導きを受ける、先覚者の波動に触れる、ハイヤーセルフとの交流、レイキ瞑想《めいそう》法）
・アファーメーションの技法（理論と実践法）
・シンボルの活用から超越へ（シンボルの真実、超越へのステップ）
・臼井先生のレイキ法の神髄（認識、教え）
・幸福な人生への道標（考え方の基本、何をどう実践するか、効果的な実践法）
・伝統霊気の各種技法（打手治療法、撫手治療法、押手治療法、半身交血法、全身交血法）
・自己浄化と自己向上技法（脊髄《せきずい》浄化息吹《いぶき》法、波動呼吸法、波動瞑想法）

〈レベル4〉

・レイキマスターの育成と認定（レベル4のガイド）
・マスターの心得（大宇宙の愛とは、資格と役割、自らの実践、ヒーリングの認識と理解、アチューンメントとシンボルの理解、レイキ法のまとめ、自己完成へのヒント）
・アチューンメント技法（諸準備と心構え、レベル1〜3の全手順、霊授《れいじゅ》、統合技法）

・臼井先生の真実とレイキ法の神髄（悟りへの軌跡、指導方針と教え）
・伝統霊気の各種技法（三大治療法、各種技法のまとめ）
・マスターのためのヒント（人生をいかに生きるか、健康と病気、ヒーリング、プラスマイナスのエネルギー、宇宙意識と宗教、レイキエネルギーの本質など）
・マスターのための諸資料

安心立命への道程

最後に、安心立命に向かって何を学ぶのかについて触れておきましょう。一挙に富士の頂上をめざすことは困難なので、レベル3では「第一段階の平安の境地」への到達を目標にしています。

第一段階の平安の境地といってもわかりにくいと思いますが、要するにマイナスレベルからの脱却です。ストレス社会に生きている私たちの意識状態は、泥濁りの水の中にいるようなものです。そこでは、太陽の暖かさも明るさも、ぼんやりとしか感じられず、見えるのは目の前だけです。目の前の出来事に反応して怒り、泣き、喜び、悲喜劇を繰り返しています。

これでは、いつまでたっても心の平安は得られず、安心立命にはほど遠い状態です。これを一瞬でも、水面に浮き上がってみたとしたらどうでしょうか。太陽の暖かさ明るさを体感し、広い世界が目の前に開けていることを知れば、再び泥濁りの水中に戻ろうとは思わないでしょう。

これは、マイナス地点からゼロ地点に上がったに過ぎませんが、マイナスとゼロとは大きく違う世界です。私たちは、このゼロ地点（水面）のことを「第一段階の平安の境地」と呼んでいます。

しかし、一瞬の体験だけでは価値が半減します。水面に船を浮かべてここに定住しようとしても、台風のときもあれば、集中豪雨にも見舞われます。そのとき、対応を誤れば再び泥濁りの中へ転落してしまいます。

人生では、台風や集中豪雨に匹敵するさまざまな出来事が起こります。そのとき、強い風雨に翻弄されながらも、水面に留まり続けることができれば、やがて台風は去り、雨はやんで、船上で晴れ晴れとした青空を眺めることができるでしょう。このとき、本当の意味で水面に定住したことになりますので、この状態を私たちは「一瞬の浮上から水面への定着」と呼んで、レベル3の到達目標にしています。ここから、プラスを積み重ねていくのです。

第四章　レイキの疑問にこたえる

—レイキについてのQ＆A—

Q．レイキは科学で証明可能？

レイキは世界で数百万人の実践者があり、国によっては一定条件のもとに健康保険の適用が認められていると聞きました。ということは、レイキの本質やヒーリング効果について、科学的もしくは医学的な解明がなされているのでしょうか。

A．臼井先生の残された公開伝授説明の中に、「臼井霊気療法は如何なる理由で治りますか」という設問に対して、次のように答えた記述があります。

《断食中に大気に触れて不可思議に霊感し、治病の霊能を得たことを偶然発見したのでありますから、肇祖《ちょうそ》の私にも確然と説明を申し上げるに苦しみます。学者も識者も熱心に研究しておりますが、現代の科学に頼って断定することは困難にせよ、科学と一致する時代の来ることは当然であります》

このように臼井先生は将来の科学的解明に期待されていますが、現在も宇宙エネルギーの本質について十分な解明に至っていません。したがって現時点では、レイキの本質については「宇宙からの愛のエネルギー」と認識するにとどめ、レイキの効果に関する医学的な検証を積み重ねることが重要と思います。その意味で、ヒーリングに関心のある医療機関が増えていることに、心強さを感じています。もちろん、海外で検証済みのデータも入手して、地道な確認作業も積み重ねていきたいと考えています。

Q．癒しと治療は違いますか

ヒーリングでは「病気を治す」「治療する」という表現はしないと聞いていますが、そのようにPRしているところを見かけます。また本を読んでも、癒しと治療を同じ意味で使っている人もいます。言葉が違うだけで、同じ意味なのでしょうか。

A．確かに「癒す」という言葉は、さまざまな意味合いで使われています。辞書を引くと、「病気や苦痛などをなおす」とありますので、「病気を治す」という意味で使う人もあります。身体の痛みを即効的に解消するという治療家の本に「レイキは癒し以上のものではない」と書いていますが、この先生は癒しを「リラックス」ととらえているようです。もっと軽い使い方では、癒し系の女優というような表現もありますが、これは「ほっとさせる雰囲気をもっている」（心理的な安心感を与える）というほどの意味でしょう。

私たちは、癒しを「本来の健やかな状態に帰ること」と定義しています。病気や症状は、その中に重要なメッセージを内在しています。それを無視して「壊れたら治せばよい、痛みがあるなら取ればよい」とは、レイキヒーリングでは考えません。

人はさまざまな要因で病気になります。心と身体の相互関係、環境との関わり方、地球やあらゆる生命体との調和ある共存関係など、バランスを崩す要因は各所にあふれています。しかし、本来の健康な状態を取り戻す方法も数多くあります。病気になった人の数と同じだけあるといってもよいでしょう。これらのすべての方法を、まとめて「癒し」と呼んでいます。

この広大な癒しの方法の中に「治療」という分野があります。治療は「現代医学（西洋医学）の理論と技術に基づき、一定の資格を与えられた医師（メディカル・ドクター）」だけに許される医療行為です。この意味から、レイキヒーリングは「癒し」の技法の一つですが、治療ではありません。

Q. レイキで治れば医者は不要？

レイキに関心があって学びたいと思い、友人を誘ったところ、「レイキで病気が治るなら医者も薬も病院も要らないよ」と言われました。どのように理解すればよいのでしょうか。

A. 以前のことですが、私にも同じ経験があります。親しくしている三組の家族と食事会をしたとき、出席者の一人から「手当て療法をしておられるそうですが、それで効くのなら医者も薬も要りませんね」と言われたことがありました。

「医者と薬だけですべての病気が治るのなら、手当て療法は要りません」と答えたかったのですが、「有名な医師に治療してもらっても、治らない病気はたくさんありますよね」と答えました。私たちの周囲にも、がんをはじめ、難病といわれる患者が多数存在しています。

人がかかる病気の総数は、江戸時代以前は四百四病といいましたが、現代では二万以上もあるようです。インターネットや書籍などにはさまざまな数字がありますが、病気の数は、数十万あると言っている医師もいますので、医師の間でも定説がないのかもしれません。それくらい病気の数が多いということでしょう。その中で、心因性、ストレス性の疾患がとくに多くなってきています。

西洋医学は、科学技術の進歩による高度な検査技術をもち、感染症に対する処置や救急医療において非常にすぐれたシステムを備えています。しかし、急速に増えつつある心因性、ストレス性の疾患には、効果的に対応しきれていません。

前の項でも触れたように、西洋医学を尊重しながら、レイキによって生命力を高めていこうというのが、レイキヒーラーのとるべき立場です。

Q. レイキは宗教の一種ですか?

私の親戚に、手当ては宗教だと誤解している人がいて、いろいろ言われています。「レイキは宗教と無関係」と説明しても、信じてくれません。このように思い込んでいる人に正しく理解してもらうには、どのように説明したらよいでしょうか。

A. レイキと宗教は無関係ですが、手かざしを取り入れている宗教があるため、混同する人もいます。また、レイキ(霊気)という語感から、霊的なものを連想する人もいます。
宗教は本来「人生を、よりよく生きるための指針を与えること」に存在価値があり、この点はレイキの思想と似ています。人は信仰の有無に関係なく「不安や迷いのない心の状態」を求めているからです。しかし、このような説明では、短絡的に「やはりレイキは宗教と同じではないか」と思う人がいるかもしれません。そこで、少し視点を変えて説明してみては、いかがでしょうか。

現在、レイキと名前のつくNPO（特定非営利活動法人）は五つあります。NPOは都道府県知事認証と、内閣府認証の二種類あり、私たちの仲間は「NPO現代レイキの会」として内閣府の認証を得て活動しています。ご承知のように、NPOは「政治、宗教とは無関係で、社会貢献活動を行う法人」として認証するもので、レイキが宗教活動を行うものであれば認証されません。

このような説明をしても、レイキを宗教だと主張するのであれば、「では、レイキが宗教だという根拠を示してください」と、ご高説を拝聴するしかないでしょう。

Q．レイキはインチキと言われたが

私は今まで気功を学んできましたが、私の先生は気功、ヨガを指導されており、密教や修《しゅ》験道《げんどう》の修行経験も豊富な方です。私がレイキを始めたと伝えたところ、「今のレイキは、はっきりいってインチキです」と断定的に言われ、ずいぶん悩んでしまいました。

A．その方が、レイキをどれだけ理解された上での発言かわかりませんので、ちょっと真意が理解できません。本当に価値がないものであれば、世界で数百万人に普及するはずもなく、医療の現場で採用されることもないでしょう。自分が関係しているものを最高と思うのは当然ですが、それ以外のものを排斥《はいせき》する心の狭い人も大勢います。正確には「私はよく知らない」「私の習ったものはこうだった」というべきところを、中途半端な理解で「あれはインチキだ」と言ってしまうのです。日本にレイキが逆輸入されたときも、「そんなに簡単に能力が身につくはずはない」「インチキに決まっている」と攻撃したのは、長期にわたって気功を学んでいた人たちでした。そして実際にレイキを学んでみて、効果をいちばん感じてくれたのは気功関係者でした。意念を使って訓練（練功）する人たちは、レイキのように念を使わないヒーリングの経験がなかったからです。現代レイキのマスターの中には、中国の気功の大家から十数年にわたって指導をうけた人や、北京大学名誉教授などもいますが、皆その効果を熟知しています。

最初の著書出版後、気功を長期間学んでいる鍼灸師《しんきゅうし》の会に招かれて二時間のレイキ体験会をしましたが、出席した二十数名の気功師たちは、「こんなに簡単にできるのに、今まで長い時間をかけて何をやってきたのかと思う」という感想も出ました。

Q. レイキと気功はどう違う？

「レイキ法は気功の一種だ」と言う人がいますが、本当にそうなのでしょうか。私はどちらも学んでいるのですが、両者の違いが明確には理解できていません。その違いと共通点を教えてください。

A. 気功というのは中国式の表現です。中国では、気に関するすべての技法を一括して「気功」という用語で表現することにしているので、その立場からいえば「レイキ法も気功の一種」ということになるでしょう。

気功は、大まかに分けて硬気功（武術気功）と軟気功（医療気功）の二つがあり、軟気功には外気功（気功師の気による治療法）と内気功（自分の体内に気を巡らせる養生法）がありますが、その種類は三千以上といわれるため、一口に定義することは困難です。

気功という言葉は「気の訓練」という意味で、訓練に適した気（宇宙エネルギー）を意念や呼吸法、手の動きなどで誘導して体内に取り込み、それを体内で練って精妙な生命エネルギーに昇華させ、養生法（健康法、自己治療法）として活用しようとするものが多いようです。そこには古代中国人のめざした不老不死の願望があります。

レイキは、宇宙エネルギーの中でも、すべてを健全な状態に戻そうとする最高次元のエネルギーに意識を合わせ、その通路となって、宇宙の意思を伝えていこうとするものです。

体内で練り上げたりしなくても、それ自体が宇宙意識を内在するエネルギーですから、通り道を妨げたり、不調和な波動と共振させてレベルを落としたりしないように、自分自身をクリアにしていきます。宇宙の愛を信じ、それを感じながら、宇宙にすべてをゆだねるトレーニングをヒーリングを通じて実践していきます。

これは、どちらが優れているというものではなく、何を重視するかという選択の問題なので、両者を単純に比較しても無意味ですが、レイキ実践者にとって気功は、「気感を開発する」（気を感じ取れるようになる）という意味からは、非常に有効と思います。

気功も、必要があって縁を得られたと思われますので、今それを学んでおかれることが、将来大きな意味をもつものと思います。

Q．手が温かいほうが効くのですか

私は病院でヒーリングボランティアをしていますが、レイキは老人性難聴に効果がありますか。老化による腰痛をもつ女性にヒーリングしてあげたとき「手が温かくて気持ちよい」と喜ばれたのですが、手の温度が効くのでしょうか。

A. レイキは医療ではないので、何に効くという表現はできませんが、生命エネルギーが高まるので、さまざまな改善効果が報告されています。ヒーリングでは温かさやリラックス、安らぎなどを感じる人が多く、眠ってしまう人もいます。それによって、その人のもつ自然治癒力を阻害しているものが溶かされ、本来の力が働き始めます。

手の温度が効くのであれば、温湿布でもしておけばよいわけですが、癒しの波動であるレイキが人には温かさとして感じられることが多いということです。

また、手の温度といっても、手そのものが熱くなるわけではありません。ヒーラーはあくまでも電流を伝えるコードのような役割です。コードから電気を受け取ったアイロンは熱くなりますが、コードそのものは熱くならないのと同じです。

Q. ヨガや催眠療法と似ている？

レイキは催眠療法と似ている気がします。浄心《じょうしん》呼吸法は自律訓練法の一種で、終了後に手を振ってトランス状態から覚醒する、シンボルもある種の図形をイメージして痛みを除去する方法があり、光の波動の言葉が肯定的な暗示であり、アファーメーションも同様に思えます。

A. レイキヒーリングは、レイキを中継することによって、その人の生命エネルギーを高めるものです。催眠療法のように、誘導したりコントロールしたりすることなく、すべてをレイキエネルギーに委ねます。

レイキを別の技法と比較するとき、注意すべき点があります。それはどの技法でも、類似点（共通点）があることです。気功家は「レイキは気功と似ている点がある」と言い、ヨガの実践者は「ヨガに似ているところがある」と言います。催眠療法家が同じ印象をもつのも自然でしょう。大切なのは「似ている」点を重視しないことです。「似ている部分はあるが本質とは無関係」なのです。似ている点に引っかかってしまうと、それを追求したくなり、違う方向に行ってしまいます。

現代レイキは「愛と調和のエネルギー」を大切にし、技法を重要視しません。技法を呼び水にして本来の能力を蘇らせ、「何もしないで自動的にレイキと響き合える」ことをめざすものではあまり意味がないのです。ですから、私が学んだいろいろな技法から、「その段階で有効と思われる技法」をアレンジして取り入れてあります。そのため、部分的に他と共通点があるのは当然でしょう。したがって、似ていると思われる箇所があれば「レイキとの共振効果を上げるために、このような技法も取り入れているのだな」と判断していただければわかりやすいと思います。

Q．気功とレイキは併用可能？

レイキの特徴の一つに「レイキは医薬の効果を高め、他の技法との併用で相乗効果を高める」とあります。私は気功を習っていますが、外気功によるヒーリングとも、併用できるのでしょうか。

A．レイキの活用は、「目的がレイキの本質（愛と調和のエネルギー）に沿っており、レイキを信頼して結果はすべて任せる」という方向性のもとに併用可能です。したがって、レイキの本質と相容れない（レイキに任せるのでなく、意識を使ってコントロールする）技法との併用は不可能です。その意味で、鍼灸《しんきゅう》やリフレクソロジー、アロマなどとの併用は効果を倍増させますが、外気功の場合は（心身改善という同じ目的でも）意念を重視する技法は併用不能、意念によらない大周天（宇宙エネルギーの通路になるだけ）のレベルは併用可能です。相容れないものを無理に併用すれば、エネルギーの混入というだけでなく、レイキとの共振は絶たれてしまいます。中には「意識のスイッチを切り替えて、最適のエネルギーを選択する」という人もいますが、意識でエネルギーを選択することは「レイキを信じてすべてを委ねる」という方向性から外れることになります。それは、現象にとらわれて「病気や症状を対象にするものではない」というレイキの本質を見失うことになるでしょう。

しかし、レイキを精神性向上の視点からでなく「シンボルを活用する有効なエネルギーワーク」という側面からとらえれば、併用可能ということになり、それはその人の選択に任せることになります。

Q. 臼井レイキはみんな同じ？

臼井レイキ、臼井式レイキ、臼井霊気療法などの名称を使用しているものは、すべて臼井先生の理念を伝えていると理解していますが、スクールや系統などによって指導する内容が異なっているようです。正当な臼井レイキを判断する基準はあるのでしょうか。

A．海外でも国内でも多くのレイキスクールが、臼井レイキ（臼井式レイキ、臼井霊気療法など）の名称を使用し、臼井先生から受け継いだ霊気療法を伝えると称してセミナーを行っています。臼井レイキの名称を使用する以上、同じものを伝えているはずなのですが、各国を経由するうちに少しずつ変化し、本来のレイキと異なる思想や技法を伝える系統が増えてきました。特にフリーラインの系統が、「臼井レイキ」という一般名称を使用して、さまざまな思想技法を取り入れている場合が多いようです。また海外では、レイキがヒーリングの一般名称として使われることがあるため、臼井式と無関係のレイキと区別するために、臼井レイキと称している場合もあるようです。

それでは、本来の臼井レイキとは、具体的に何を指すのでしょうか。私は「次の五点を備えていることが、臼井レイキの条件」と認識しています。

①臼井先生を創始者としている　②能力は指導者の伝授で与えられる　③ある段階でシンボルを使う　④手当て療法から始め、霊性向上をめざす　⑤伝授は対面で、継続的なフォロー体制をもつ

このうち①②③は、どの系統でも共通していると思われますが、④⑤が不十分なものが多

いようです。

Q. なぜ多くの系統があるのですか

臼井先生の創設された臼井霊気療法をルーツとして、○○レイキ、××レイキなど、さまざまな系統があります。正しく伝承されているのであれば、多くの系統が発生する余地はないと思われますが、なぜ多くの系統があるのでしょうか。

A. 系統とは、水の流れのようなもので、「どこに源流（水源）があり、そこからどのように流れが続き、現在どのような川として流れているか」ということです。レイキの本来の系統としては、伝統霊気と西洋レイキの二つの流れしかありません。しかし、その川が別の川と合流したり、異質な水が流れ込んだりして、単純ではありません。

臼井レイキに、さまざまな名前をもつグループがあるということは、厳密な意味での系統ではなく、同じ流れに属しながら、独自の考え方を導入して新しいグループ（個人マスターの場合もあります）を形成するケースが多いということです。多くのグループは、臼井先生の示された精神性向上のノウハウを、よりわかりやすく伝えるというよりも、自分が習得したものに何かを加えて、オリジナルと称して伝授しています。これは、その人たちを批判しているのではなく、レイキはそのような多様性をもっているということです。

レイキを学ぶことを、山登りにたとえることができます。世界には多くの山がありますが、まず「どの山へ登るか」を決めることが必要です。その人が何を求めるかによって、登る山が異なります。レイキも、効果的なヒーリングを求める人、神秘的なものを求める人、超能力を求める人、願望達成を求める人、精神性向上を求める人などさまざまです。それによって、登ろうとする山が決まります。臼井レイキ以外の山を選ぶことも自由です。次に「どこから登るか」を決めなければなりません。登山口は、一ヵ所だけではないからです。最後に「どの道を登るか」を決めることになります。「山登りの厳しさを体験したいのか」「安全で楽な道を選びたいのか」「早く頂上に着きたいのか」「景色のよいところを選びたいのか」、これも人によって考え方が異なります。レイキの道も、受講者のニーズに応じて多くのバリエーションが用意されています。「そのために、さまざまな名前のついたレイキの系統がある」と、理解してください。

バリエーションは多くても、臼井先生の示されたレイキの道は一つです。それは、「レイキの道は、健康と幸福への道である」ということです。どの登山口から登っても、まず「健康になるための手当て療法」を学びます。そして、めざす頂上は「人としての幸福に至る」ことです。「この人生を、安らかで、豊かで、価値あるものにする」、これこそがレイキの真の目的です。どの登山口からでもかまいません。あなたの考え方にマッチするところを選択してください。

Q. レイキは系統によって異なる?

「レイキには多くのレベルがあり、霊系の違いがある」というマスターがいます。「レイキは、宇宙に充満している普遍的なエネルギー」と理解していたので、マスターや系統によりレイキが違うとすれば、普遍的でなく、特定の霊的集団がいるのかと疑問に思いました。

A. 「レイキには、多様なレベルがある」という理解は、その人にとって多分真実なのでしょう。臼井レイキという共通認識に基づき、愛と調和と癒しのエネルギーを対象にする限り、レイキそのものに違いは存在しませんが、各人が受け取るものは必ずしも同じではありません。「本人の理解と、受け取る準備のできた範囲でしか受け取れない」ということを実証しているようで、面白いと思います。また、認識は現実化を引き起こしますので、「レイキに多くのレベルがある」とか、「この系統のレイキは私に合わない」と本気で思ったら、意識でそのように設定したことになり、設定通りの結果が現れることになるでしょう。

交流会などに何度か参加していると、自然に波動の合う人たちが集まり、異質な人は離れていきますが、それはレイキそのものにレベルや系統の違いがあるからではなく、受け取る側がどのような制約を設けているか（どのように認識しているか）によるものです。

マスター自身が制約を設けてレイキを受け取り、制約をつけたままで受講者に伝えると、（その制約が多いほど）他の人たちとの違和感が増大します。マスターから受け取ったものは一通り実践した上で、効果が実感できるものだけを残し、不要な制約はどんどん手離していきましょう。

レイキ法では、マスターからエネルギー伝授を受けてスタートしますが、それ以後はマスターを通じてレイキを受け続けるのではありません。回路が開かれた後は、受講者自身の実践でレイキのパイプを育て、レイキとの響き合いを高めていくものです。

Q. 伝統霊気と西洋式の違いは？

「日本伝統の霊気療法を伝える」というスクールがいくつかありますが、伝統霊気は西洋レイキよりも優れているのでしょうか。ここでは、臼井先生の創設された伝統霊気が、本当に学べるのでしょうか。

A. たとえば日本発祥の柔道ですが、「日本の柔道と欧米の柔道は、どちらが優れているか」と質問されても、ちょっと返事ができませんね。霊気療法についても同様です。ただし、医学的な貢献度、認知度という面から見ると、西洋式レイキに軍配が上がるでしょう。厳密な意味で正統な伝統霊気といえるのは、臼井先生の伝統を継承している臼井霊気療法学会だけですが、学会は現在、一般への公開伝授を中止し、家庭療法の枠内で運営されています。しかし学会以外でも、日本国内で伝承し続けたという意味で、伝統霊気と称しているところはいくつかあるようです。臼井霊気療法学会の師範であった人から習ったという人たちです。

西洋レイキは現在、それぞれの国の生活の中に深く根をおろし、家庭療法と同時に、現代医療の現場でも活用されています。国情が違うため、どちらが優れているという比較はできませんが、レイキの初心者には、つまり手当て療法を身につけるという段階では、西洋レイキが入りやすいように思われます。そのため、現代レイキの入門クラスのカリキュラムには、（伝統霊気と対比しながら）西洋レイキの技法を取り入れています。

伝統霊気が優れているのは、何といっても、臼井先生の理念が脈々と受け継がれており、精神性向上に役立つという点にあります。日本伝統の霊気療法であっても、精神性向上の実践が伝承されていなければ、有効な手当て療法を学ぶことで終わってしまいます。

Q．回路を開くとはどういうこと？

「アチューンメントでエネルギーの回路が開かれ、その日からヒーリングができるようになる」と聞きましたが、回路を開くとは、どのようなことをするのですか。またアチューンメントを受けるというのは、セミナーを受講するということですか。

A．私のところにも、「アチューンメントを受けたいので案内書を送ってください」というメールが届きますが、「セミナーの案内書が必要なのだ」と判断して、案内書を送っています。アチューンメント（波長合わせ）はセミナーの中で行うので、間違いとはいえませんが、セミナーの内容はアチューンメントだけではありません。

セミナーでは、レイキ法の全般にわたって理解していただき、併せて、レイキが使えるようにエネルギー伝授を行います。エネルギー伝授の方式を、伝統霊気では霊授《れいじゅ》といい、西洋レイキではアチューンメントと呼んでいます。イニシエーションと呼ぶところもありますが、技法に大きな差はありません。

「伝授によって、レイキの流れる回路を開く」というのは、一般の人に理解していただくための便宜的な説明です。「回路を開く」といえば、「レイキの流れる回路を新しくつくる」と誤解されそうですが、それなら大変な工事になります。もともと存在しないところに新しいシステムを構築するのであれば、マスターの能力によっては失敗することもあるでしょう。そのような心配がないのは、「使われていなかった機能を、使える状態に整備する」に過ぎないからです。その意味で、「回路を開く」というよりも「回路の栓を開く（使わないので閉じていたパイプの蛇口を開く）」と説明するのが、理解しやすいかもしれません。伝授は「内在しているが、機能させていない能力を目覚めさせ、活性化させるシステム」なのです。

Q．アチューンメントの実感は必要？

レベル1のセミナーのとき、最初のアチューンメントではほとんど実感がありませんでした。二回目のアチューンメントでは頭上に渦巻きのようなものが見え、その渦巻きに頭が引っ張られる感覚がありましたが、特に何かにつながったという気持ちにはなりませんでした。

A．アチューンメント中にどのような感覚があったかは、効果に関係ありません。高次元の波動は人の感覚でキャッチできないからです。感じられるとすれば、温かさ、リラックス、安らぎなどの感覚です。その人にとって必要なときは、何かを見たり、感じたりすることもありますが、最初は何も感じない人が多いようです。

レイキの本にはさまざまな体験が紹介されていますが、すべての人が何かを見たり感じたりするわけではなく、むしろ感じない人が多いでしょう。体験談を紹介するときは、どうしても強烈な体験を掲載することになりますので、そのように理解した上で読むことです。

レイキは超能力や神秘体験を求めるものではなく、その人本来の力を引き出すものなので、感じても感じなくても問題はありません。あなたは、渦巻きのようなものを感じられたわけですから、それなりに貴重な体験をしたわけです。

今はそれ以上、何も求めることはありません。つながったなどという感覚も必要ありません。レイキの回路が開かれたわけですから、まず二十一日間のセルフヒーリングを実践して、回路をどんどんクリアにしていきましょう。

Q. パワーを強調するスクールは？

ホームページで検索していたところ、「レイキでお困りの方へ」というスポンサーサイト（広告主のホームページ）があり、別のサイトには「当スクールで伝授を受けると、他のレイキの○○倍のパワーが得られます」というPRがありましたが、どうなのでしょうか。

A. まず、「レイキでお困りの方へ」については、レイキと無関係のヒーリングを教えている人が、「レイキなどたいしたことはない。レイキを習ったが満足していない人は、こちらのヒーリングを学びなさい」と宣伝していたことがわかりました。

もう一つは、レイキはパワーだと勘違いして、気功をはじめ各種の技法を導入して伝授していることがわかりました。

いずれもレイキの名前を出しているため、レイキ関係者の目にとまったのですが、それぞれのヒーリングには優れた特徴があると思われますので、レイキを批判することで自らを誇ろうとしたり、異質なものにレイキの名前をつけたりせず、自分のヒーリングの独自性や優位性を堂々とPRすればよいと思います。

Q.レイキで特殊な能力が身につく？

レイキを習ってから、オーラがよく見えるようになったり、予知能力がついたという人がいます。また、チャネリングができるようになった人がいます。レイキでそのような能力が得られるのでしょうか。

A. レイキは、すでに理解されているように、超能力の開発を目的とせず、精神性を高めて、私たちの人生を価値あるものにすることをめざしています。しかしそれぞれの人には、与えられている使命、役割があります。もしその人に、スピリチュアルな役割が与えられており、その能力が備わっていたとしても、きっかけがなければ能力が開花することもなく、それを自覚することもありません。そのような人が、レイキと出会ったのを機に、備わっている能力が急速に表面化し、スピリチュアルな活動をし始めることも少なくありません。レイキの特徴の中に「その人の素晴らしい本質を開花させる」とある通りです。

　しかし、誰にでもそのような役割が与えられているわけではなく、自ら求めて得られるものではありません。そのような能力とは別に、スポーツ、音楽、書画、舞踊、演劇、文筆活動などで自然にレイキの導きを受けている人も多く、それは政治、経済、趣味の世界にも及びます。何よりも、日常の中で心の安らぎの高まりを実感できるのは心強いものです。

Q．レベル1〜3は続けて学べる？

「レベル1でレイキの回路が開かれたあと、二十一日間のセルフヒーリングを終えてからでなければレベル2に進めない」というスクールもあれば、一日でレベル1〜3を続けて教えるところもあります。レベル1〜3と一挙に受講しても問題ないでしょうか。

A．まずレベル1を学び、セルフヒーリングをじっくり体験してからレベル2に進む、さらに他者ヒーリングや遠隔ヒーリングを実践してからレベル3に進む、というのが基本です。

　医師やプロのヒーラーが受講される場合もありますが、未経験の受講者にレベル1〜2を一日で教え、それで伝授が終わったと考えるマスターがいて、いわゆる「レイキ難民」をつくりだす一因になっています。

私は現在、レベル1〜2を続けて行っていますが、これは他で学んだ方たちが再学習に参加されるためです。受講者の八〇パーセント以上が他のスクールの修了者で、指導資格を持った方たちも海外や国内各地から多数参加されています。すでにレイキ法の基礎である実践体験も豊富なため、宿泊の都合などを考慮して、二日間に凝縮して伝授しています。

初心者も受講できますが、宝の持ち腐れにならないよう、交流会や再受講への参加を前提として関西在住者に限定し、遠方の方には「初心の段階は近くのマスターから学び、繰り返しそこで再受講してください」と、居住地の近くのマスターを紹介することにしています。

したがってレベル1〜2を続けて指導する場合は「必要な内容がすべて伝授されている」「受講者が希望すれば繰り返し学べるフォロー体制が整っている」ことが絶対条件で、マスターは、ヒーリングが身につくまでのフォロー責任があることを認識すべきです。

さらに、レベル1〜3を続けて学ぶのは無理があります。レベル3は精神性向上を図るステップであり、臼井先生が「誰でもできる手当て療法を入り口に、安心立命を伝えていこう」と構築された臼井レイキは、レベル1〜2の実践体験をベースに組み立てられていますので、それを抜きにしてレベル3に進むのは困難といってよいでしょう。

Q. 遠隔伝授を受けたいのですが

日本では、インターネットや通信制による遠隔伝授はあまり普及していないようですが、海外では珍しくないと聞いています。現在はIT時代といわれ、通販なども普及していますが、レイキ法はなぜ遠隔伝授を認めていないのでしょうか。

A. まずレイキ法は、創始以来の伝統として、対面でエネルギーを伝授するところからスタートします。これは、重要な教えを直接伝達することで、面授と呼んで重要視していました。レイキエネルギーは神聖なものであり、これを受け取ることによって安心立命への道を歩み始めることになります。伝達者はレイキとの響き合いによる波動の場をつくり、その中に受講者を招き入れ、高い波動と響き合いながら人格の触れ合いを通じて伝授を行います。精神性向上というスピリチュアルな世界への入り口には、やはり先人が培ってきた伝統を無視することはできません。これが、遠隔伝授を認めていない大きな理由です。

しかし、伝統は時代とともに価値観が変遷します。伝統を唯一の根拠として近代化を拒むことは、因習《いんしゅう》にとらわれることと紙一重です。私も近い将来、環境が整えば、一定条件のもとに遠隔伝授が受け入れられる時代が来るかもしれないと思います。遠隔ヒーリングが可能であるように、遠隔によるエネルギー伝授も技術的に可能です。しかしレイキ法は、ヒーリングが可能になればそれで終わりというものではありません。

そのためには一定のカリキュラムと品質保証が必要になります。学んだあとのフォロー体制も重要です。日本のレイキ界全体として、共通認識が醸成されなければなりません。

これらを考えれば、有利なインターネットビジネスとして、個人マスターのレベルで簡単に始める性質のものではありません。現在、日本でもいくつかのスクールが遠隔伝授を取り入れていますが、トラブルを多く耳にするのも、それを裏書きしているように感じます。

Q．マスターによるレベルの差は？

回路を開くマスターによって、レイキの能力や質に変化は出るのでしょうか、それとも伝授（霊授やアチューンメント）を受ける側の器や霊性によるところが大きく、マスターは関係ないのでしょうか。

A．ＦＭ電波の受信装置があるとします。長く使っていなかったので、スイッチが錆《さ》びついて音楽を聴くことができません。そこで、技術者に調整してもらいます。優れた技術者は「聴きたい音楽にきちんとチャンネル（波長）が合うように」調整してくれますが、レベルの低い技術者は「音楽は受信できるが雑音だらけ」ということになるでしょう。同じように、アチューンメントを受けた直後の状態は、マスターにより大きな差が生じます。しかし、雑音だらけでも、音楽を受信できる状態にはしてくれます。

では、一ヵ月後の状態はどうでしょうか。

Aさんは、優れたマスターから完璧に調整してもらいましたが、たえずイライラし、腹を立てていたので、少しずつエネルギーのバランスが崩れはじめました。レイキエネルギーは人の高い意識に共鳴するため、意識が下がると低いレベルの波動（雑音）を受信してしまいます。

Bさんは、免許取りたての新米マスターから伝授を受けました。レイキは受信できますが、別のエネルギーも混入しているようです。しかしBさんは、心を安らかに保つよう心がけながら「レイキによってすべてが調和に導かれるように」という思いをもってヒーリングを実践しました。これによってレイキとの響き合いが高まり、エネルギーはどんどんクリアになっていきました。伝授直後に比べ、一ヵ月後の二人の状態は逆転してしまいました。

このように、マスターは受信装置を整えますが、将来にわたって性能を保証するものではありません。「回路の開通はマスターの責任」「維持向上は本人の責任」ということになります。「回路の開通はマスターの責任」である以上、伝授の時点では「受ける側の器や霊性のレベル、その時点のコンディション」は無関係で、霊性のレベルが関わるのは回路開通後と考えてください。

Q. レイキで性格を変えられますか

私はレイキを学んで、自分の引っ込み思案の性格や、短気な性格を変えたいと思います。レイキで自分を変えられると聞きましたが、レイキ法には自分を変える技法があるのでしょうか。それとも、レイキをしていると自然に変わるのでしょうか。

A. 技法もありますが、自覚している短所を修正するだけでなく、レイキはすべてを調和に導くエネルギーなので、ヒーリングを実践してレイキの通路になり続けているうちに、自然に変わる場合が多くなります。ただし、変わるといっても、自分以外の何者かに変身するのではなく、本来のあるべき姿（愛と調和にあふれた自己）を回復することになります。

ヒーリングでも同じですが、痛みや痒《かゆ》みなどの症状を消したいという表面的なところに意識を合わせますと、それが消えたとしても、本質的なものは何も変わっていないということになりがちです。症状は表面に表れたシグナルで、火事を知らせる非常ベルのような役割なので、ベルの音を消しただけで放置しておくと、火事はますます大きくなっていきます。

性格や習慣、心の癖なども、表面に表れたものは本質の一部ではあっても、本質そのものではありません。レイキ法の実践は、ヒーリングや技法などを通じてレイキとの響き合いを高めていくことです。

人の本質は光そのものですから、表面的なものを気にしなくても、レイキとの響き合いが高まるにつれて、自然に調和された姿に変化していくのです。

Q. レイキで天使とつながれる?

私が外国で学んだレイキのスクールでは、大天使ミカエルに会わせてもらいました。その先生は、五大天使やエンジェルたちからレイキを受け取り、困ったときはいつでも呼ぶことができるといいます。日本のレイキでも同じようにスピリットと会えるでしょうか。

A．残念ながらそれはレイキとは無関係です。その先生はレイキマスターであると同時に別の技法を身につけており、それをレイキセミナーに取り入れているのだと思われます。

レイキは宇宙に充満する生命エネルギーであり、私たちの体内にも存在しています。内外のレイキが響き合うとき、健康で幸福な状態が実現しますが、レイキは太陽の光のようなもので、あらゆる存在にひとしく与え続けています。エンジェルやスピリットなど特定の存在を通じて受け取るというものではありません。求めれば、そのような存在が与えてくれるエネルギーもあるでしょうが、それは私たちのいうレイキエネルギーではありません。

また、エンジェルをはじめ多くのスピリットたちはそれぞれ役割を受けもち、愛と調和の実践を続けている人の周囲にあってサポートするといわれ、折にふれてカメラに写ることもありますが、困ったときにいつでも呼べるかどうかは保証の限りではありません。目に見えないスピリチュアルな存在は、私たちの周囲に満ちあふれていますが、それらのレベルもさまざまで、多くの人はそれがどのような存在なのか判断できません。

私たちレイキ実践者は、サポートしてくれているスピリットたちに感謝の念は捧げますが、それらの存在にコンタクトを求めたり、何かを願ったりすることはありません。不調和な存在とコンタクトして、人生をコントロールされている人たちも大勢いるのです。

しかし、それに関心があって学びたいという場合は、レイキセミナーとは無関係なので、レイキとは別のところを探されるようお勧めします。

Q. レイキで除霊や浄霊は可能?

知り合いのレイキマスターは、各地の交流会に参加して、霊に憑依《ひょうい》されている人がいれば本人にそのことを伝え、希望があれば除霊や浄霊をしていると言っています。レイキを習えば、除霊や浄霊ができるようになるのでしょうか。

A. レイキ法に、憑依という概念はなく、除霊や浄霊の技法もありません。「病気には霊が関わっていることが多いのに、レイキは霊の問題から目をそらせている」と批判する人もありますが、そうではありません。

仮に憑依されているといわれる現象があった場合、レイキでは「不調和な波動と共鳴している」と理解します。共鳴しているのは、自分がその存在と波長を合わせているからです。

響き合っているのであれば、自分の意識の波動を高めれば波長が合わなくなり、響き合いから離れることができます。

その意味で、除霊というのは「不調和な波動との共鳴から離れる」ことであり、浄霊というのは「不調和な波動に調和のエネルギーを送って、本来の光にかえす」ということになるでしょう。

私たちの意識が低ければ、意識から発する波動は当然低くて粗いものになり、怒り、憎しみ、恨み、心配などの低くて粗いエネルギーをもったものと共鳴し始めます。レイキ法に憑依、除霊、浄霊などの概念が存在しないのは、霊の問題から逃げているのではなく、「レイキと響き合っている限り、不調和な波動と共鳴することはない」というレイキ法の本質を示しているのです。

Q. レイキは故人にも送れますか

レイキ法には時間空間を超えてエネルギーを送る技法があるそうですが、亡くなった人にもレイキを送ることができますか。できれば、十年ほど前に亡くなった兄に毎日送ってあげたいと思うのですが。

A. 生前の写真を使い、通常の遠隔ヒーリングの方法で、レイキエネルギーを送ることは可能です。しかし、法要の時は問題ありませんが、継続的に故人にエネルギーを送り続けることはあまり好ましいことではありません。なぜならレイキ法は、この人生を価値あるものにするためのレイキ活用法であり、死者を弔うための技法ではないからです。

レイキは、人生の終末を安らかに迎えるためのターミナルケアには極めて有効です。同時に、服喪の期間中はレイキを送ってあげることが、故人のエネルギー体を浄化し、新たな旅立ちに向けての最高のはなむけとなります。

しかし、その後も継続してレイキを送り続けるとすれば、この世での役割を終えて新たな次元に旅立った人を、遠隔ヒーリングのたびにこの世へ引き戻すことになります。これでは新しい次元での学びを、妨げることになってしまいます。

服喪の期間が終われば、早く忘れてあげる（この世のきずなから解放してあげる）ことが必要です。それが、この世での役割を終えた人への最高の気遣いでもあります。その後は、法要や命日など、通常故人が帰ってくるとされているときに、宇宙からの愛と調和のエネルギーに、あなた自身の愛と調和の心をそえて送ってあげましょう。

Q. 二十一日間のヒーリングは必要？

二十一日間のセルフヒーリングの実践が、臼井レイキのすべてのスタートであると教えられましたが、私がレイキを習ったのは、病気の母にヒーリングをしてあげるためでした。二十一日間のセルフヒーリングを省略して、母へのヒーリングをしてはいけませんか。

A. もちろん、お母さんに手を当ててあげて結構です。二十一日間はセルフヒーリングだけに限定して、他者へのヒーリングを禁じているわけではありません。ただし、他者ヒーリングだけでなく、毎日少しずつでもセルフヒーリングをしてください。時間がとれなければ頭だけでもかまいません。

セミナーが終わったばかりの段階では、運転免許取りたての人と同様、まだ能力は不安定です。十分な練習をしないまま、いきなり高速道路を運転するのは危険ですが、それと同じように、緊急時にヒーリング効果を出すためには、日頃からセルフヒーリングを繰り返し、エネルギーの回路を全開にすることが必要です。

二十一日間のセルフヒーリングは、臼井先生の二十一日間の断食修行に因《ちな》んで行うと説明するスクールが多いのですが、本当の目的は「手を使うことを習慣づけて、気軽にヒーリングができるようになること」「自分自身を整えて、回路をよりクリアにすること」の二つです。

それが完成するまでは、効果が速やかに出たり出なかったりしますが、まったく効果がないということはありません。淡々と手を当てていれば徐々に効果が出てきます。

この段階で「能力が低下したようなので、再アチューンメントを受ける必要があるかもしれない」と不安をもつ人もいますが、能力が低下したのではなくまだ不安定なのです。セルフヒーリングを実践することによって、能力が高まり安定してきます。この段階は、よけいな心配をせず、できるだけ多く手を当てることです。それが、徐々に実を結んでいきます。

Q. 途中で眠ってしまうのですが

私は二十一日間のセルフヒーリング中、必ず途中で眠ってしまいます。一日の仕事を終え、ベッドに入ってから基本12ポジションに手を当てますが、ヘッドからフロントに移ったところでいつの間にか眠ってしまい、不完全なヒーリングのまま終わっています。

A. 「途中で眠るため、いつも不完全なヒーリングで終わっている」と心配する人も少なくありませんが、それでまったく問題ありません。眠くなるのは、リラックスできたこと、深い部分でエネルギーを受け入れる準備ができていること、などの意味があります。セルフヒーリングの目的は「手を使うことを習慣づけること」「自分自身を整えること」の二つであり、基本12ポジションに手を当てることではありませんでした。

レイキとの響き合いは、リラックスによって得られますが、眠りに入るのは最高のリラックス状態です。「身体に手を当てて、最高のリラックス状態を続けながら、レイキエネルギーを受け続ける」ということで、理想的なセルフヒーリングを行っていることになります。

Q. 体調不良でもヒーリング可能？

私は以前から、常習的な頭痛をもっています。レイキを習いましたが、ヒーリングによって良くないエネルギーを送ってしまうのではないかと心配で、他の人に手を当てることができず、セルフヒーリングだけにとどまっています。

A. ときどき同じような質問を受けますが、レイキヒーリングは自分のエネルギーを使って行うのではなく、レイキという高次の宇宙エネルギーの通路になるだけです。意識集中して強力な念を使うヒーリングでは、自分のエネルギーを使うことになり、体調によってはそのような心配もしなければなりませんが、意識を使わないレイキヒーリングではまったく問題は起こりません。

ただ、不安をもちながら手を当てることは好ましくありませんし、不調和なエネルギーを送る心配はなくても、頭痛をこらえながらヒーリングすることは考えられませんので、まずはセルフヒーリングに徹して自分自身の体調を整えてください。自分自身でヒーリング効果を感じることが、今後の大きな自信につながります。

Q. 邪気を受ける心配はないですか

友人がセミナーを受け、最初のアチューンメントのとき、首筋から冷たいものが入るのを感じて気分が悪くなり、帰宅後に寝込んでしまいました。マスターは「好転反応なので、すぐよくなります」と言いますが、一週間たっても治りません。邪気を受けたのでしょうか。

A. アチューンメントは、マスターがレイキの通路になって受講者にクリアなエネルギーを伝達しますので、通常は邪気などというネガティブなエネルギーが混入する余地はありません。しかし、マスターが何かを感じさせようとして、念を込めた状態でアチューンメントを行ったり、密教的な技法を導入している場合、または受講者がエネルギーに敏感な体質で、何かを感じたとき霊的なものと思い込んで、不安にとらわれてしまった場合など、予期しない結果を招くことがあります。しかし、そのような事例は稀だと思われます。

ヒーリングで好転反応が出る場合があると説明しましたが、アチューンメントの場合でも同じことが起こります。「エネルギーあたりによる無気力感、脱力感」「体内エネルギーの活性化による痛み、痒み、下痢、頭痛など肉体面の反応」「怒り、恐れ、憎しみなど精神面・感情面の反応」などですが、いずれもエネルギー状態が好転するための一時的な反応で、一週間以上続くというのは異常です。念のため病院等で受診し、異常がなければ安心してセルフヒーリングを実践することを勧めてください。

Q．好転反応と浄化現象の違いは？

ヒーリングを実践しているうちに浄化現象（浄化作用）が起こることがあると聞きましたが、好転反応とは別なのでしょうか。異なるとすれば、どのような現象が起こるのですか。

A．レイキの回路が開けたあとは体質が徐々に変化しますが、体調が良くなかったときは、発熱したり、下痢したりすることもあります。好転反応は、不調和なエネルギーを解放するための働きですが、浄化現象は、その人の意識をより本来的なものに高めようとする「成長のための働き」です。

多くの人は目に見える世界だけを現実と信じて生活していますが、これは粗いエネルギーと響き合って生きていることになります。レイキの回路を開いてヒーリングを実践し始めると、微細なエネルギーと響き合うため、徐々に体質が変化していきます。まずマイナス状態をゼロの状態に回復しようとする働きが始まり、やがてその人を高めるための阻害要因を解放する働きに変わります。

緩やかな浄化の間は問題ありませんが、ある段階まで進むと（内なる生命力がそれに耐えられると判断した段階で）急激な変化が起こる場合があります。これを浄化期間と呼び、心や体に異常が生じたと思えるような、さまざまな症状が表れます。この時点で医療機関の診療を受けても、原因が見当たらないことが多いものです。通常の浄化や好転反応は比較的短期間で終わりますが、本格的な浄化期間に入ると、短くても数週間、長い場合は数ヵ月から一年以上に及ぶことがあります。これは、必要に応じて何度も繰り返されます。浄化期間中は非常に苦しいものですが、必要な仕事は支障なくこなすことができ、奥深いところに潜在している不調和なエネルギーを解放しますので、浄化が終わるごとに意識が向上していきます。「浄化期間をヒーリングで乗りきりたい」と誰でも思うでしょうが、その人にとって重要な浄化であればあるほど、ヒーリング効果はありません。大切な浄化が起こっているのに、ヒーリングで解消できたとしたら、浄化そのものが中途半端に終わることになります。

私は自分に起こる浄化現象には、一切のヒーリングをせず、経過を見つめるだけにしています。もちろんヒーリングをしてもかまいませんが、浄化を早めたり、苦痛を軽減するためではなく、浄化現象に不安をもったり、そこから逃れたいという意識をもたないため、つまり、レイキと響き合ってその導きを感じとり、ともすれば不調和な思いと共振しようとする意識を離れることが目的です。

Q．レイキはなぜ意識集中が不要？

別のヒーリングを学んだとき、「ヒーリングは愛の行為です。相手の幸せを念じ、よくなりますようにと念じながら手を当てなさい」と教えられ、ずっとそうしてきました。相手の幸せを念じることが、よくないこととは思えないのですが。

A.「レイキヒーリングでは、意識を集中したり、念の力を使ったりしない」と、繰り返し説明しました。もちろん、意識でエネルギーを導くヒーリングも存在しますが、意識を使わないことを勧めるのは、次の理由からです。

●ヒーリングは、ヒーリー（ヒーリングを受ける人）の意識変革をサポートする（人生を無意識の反応で生きるのではなく、調和ある選択で生きられるように、自立できるように援助する）のが目的で、ヒーリーを念によって変えようとしない。結果はレイキの導きと、相手の内なる生命力に委《ゆだ》ね、ヒーラーはレイキのクリアなパイプに徹する。

●意識を使うヒーリングは、自分の力で癒しを行うという錯覚に陥りやすく、そう認識した時点からレイキの回路が断たれて、自己のエネルギーによるヒーリングが開始され、不調和な結果を招きやすい。

したがって、ヒーリング中は何かを念じるのでなく、エネルギーの流れる感覚や、ヒーリングによるエネルギーの変化を感じとれるように、意識を向けてください。それが感じられない間は、決められた順序の通り手を当てていくこと。「結果を求めず、ただ手を当てる」というのが望ましい状態で、これがレイキヒーリングのやり方なのです。

Q. レイキをしてはいけない場合は？

私のレイキの先生は「日没後はレイキをしてはいけない」といいます。また、「手の冷たい人はヒーラーに向かない」「がんにはレイキをしない」「細菌性の病気は病原菌を元気にする」「妊婦にはレイキをしない」「レイキをすると頭痛がひどくなる」などと教えるのですが、本当でしょうか。

A. このような話は、海外を訪問したときよく聞きましたが、「不安をもつことなく、すべてを宇宙に任せて淡々と行えば、いつ、どのような場面で行っても、まったく問題はない」というのが結論です。恐れはエネルギーをブロックしますので、そのような感情にとらわれたときは行わないほうが賢明ですが、大宇宙は一瞬の休みもなく愛と調和の波動を送り続けており、レイキヒーラーがその意思に沿った行為を行う限り、制約はありません。

深夜でも、早朝でも、ヒーリングエネルギーはいつでも届きます。温かい手は気持ちよいものですが、冷たい手からも温かいエネルギーは流れます。がんであっても、自然治癒力や免疫力を高めて悪化する病気はありません。

レイキは病原菌も活性化しますが、調和されていれば人を攻撃することはありません。妊婦にこそ、レイキエネルギーをたっぷり送るべきなのです。私のレイキの師である小山君子先生は、手を当てて逆子《さかご》を直しておられました。手を当てるだけで、自分から正常な位置に戻っていくのです。母親のお腹にいるとき、レイキを受けて育った赤ちゃんをレイキベビーと呼んでいますが、みんな健康で素直に成長しています。日本各地にレイキベビーが多くなれば、明るい社会が実現すると思います。血管の収縮によって神経を圧迫して起こる頭痛は、レイキでリラックスすると血管が膨張するので痛みをひどくするといわれますが、そんなことはありません。レイキに任せていれば、自然に調整してくれるのです。このほかにも、心臓のペースメーカーを使用している場合はレイキをすると壊れる恐れがある、麻酔中にレイキを送ると麻酔が切れる恐れがあるなどといいますが、まったく問題ありません。ただし、念を込めたり、不安をもちながら行う場合は問題が起こりやすくなります。

あとがき

私は、きわめて信仰心のあつい祖母のもとで成長しました。幼時から祖母と一緒に神仏に手を合わせ、三、四歳の頃には般若心経《はんにゃしんぎょう》や天津祝詞《あまつのりと》などを暗唱し、自然な形で目に見えない世界を信じ、大いなる存在の導きや守護を信じていました。

しかし就職して家を離れてからは急速に関心が薄れ、怒りや恐れの感情にとらわれる日々が続きました。それでも大きく道を踏みはずすことがなかったのは、心の深いところで大いなる存在を信じていたためと思われます。

このような素地があって、五十歳に近づいてからスピリチュアルなものに関心を持つようになり、やがてレイキと出会うことになりました。

私がレイキと出会ってから、早くも二十五年になります。最初は単なる手当て療法と理解して、臼井霊気療法の名前も、創始者の理念も知ることはありませんでしたが、いつの間にかレイキの中にどっぷりと漬かった日常を送るようになりました。

消滅したと信じられていた臼井霊気療法学会の存在を知り、入会できたことにも不思議な導きを感じますが、伝統霊気と西洋レイキを対比研究することができ、現代人に役立つレイキとして現代霊気法を構築してから十五年を迎えました。両者を学ぶ機会がなかったら、臼井レイキが「健康と幸福の道」であると、認識することができなかったと思われます。

私が現在、怒りや恐れから離れることができ、安定した日常を送ることができているのは、ひとえにレイキの恩恵にほかなりません。このような経験から、レイキに関心を持たれた方たちには、手当て療法の習得・活用は勿論ですが、その段階で満足せず、精神性向上をめざして実践し、ストレスに満ちた日常生活を乗りきっていただきたいと思います。

本書の執筆は、初心に帰りレイキの原点を見つめる意味で、大きな気づきを与えてくれました。編集担当者としてお世話になった講談社の古川ゆかさん、初心者の視点で全体を見直してくださったライターの松原京子さん、イラスト担当の東洋子さん、適切なアドバイスをくださったチモーキィ クォーツの藤田知紗さんとマザーステラの星百合江さんに、心から感謝いたします。

二〇〇九年三月

土居　裕

土居 裕

1935年、岡山県に生まれる。大手企業勤務を経て、現在「現代霊気ヒーリング協会」代表。30種余のヒーリングを学ぶうち、レイキ法と出合い、西洋式レイキと伝統の臼井霊気療法を学ぶ。霊気法の実践と研究を深めたのち、西洋式レイキの効果的なヒーリング体系と、伝統霊気の霊性向上の理念を融合させた「現代霊気法」を構築。現代霊気ヒーリング協会を設立し、普及に努めている。国内1200人、海外でも42ヵ国1000人以上のマスターが直接学んでいる。
著書には『癒しの現代霊気法』『レイキ　宇宙に満ちるエネルギー』(以上、元就出版社)があり、数ヵ国語に翻訳されている。

現代霊気ヒーリング協会　http://www.gendaireiki.net/

講談社＋α《プラスアルファ》新書　445-1 B

実践《じっせん》 レイキヒーリング入門《にゅうもん》

愛と癒しの技法

土居《どい》 裕《ひろし》

2009年 3 月20日第 1 刷発行
2025年 8 月 6 日第13刷発行

発行者―――篠木和久
発行所―――株式会社 講談社
東京都文京区音羽2-12-21 〒112-8001
電話 編集(03)5395-3522
販売(03)5395-5817
業務(03)5395-3615

装画・本文イラスト―東 洋子
デザイン―――鈴木成一デザイン室
カバー印刷―――共同印刷株式会社
印刷―――株式会社新藤慶昌堂
製本―――株式会社国宝社

KODANSHA

ISBN978-4-06-272562-0